com
Cristo
na escola de
oração

ANDREW MURRAY

com

Cristo

na escola de

oração

ANDREW MURRAY

Learning to Pray (With Christ in the School of Prayer),
traduzido de Classic Books for Today, n. 174, 1994,
periódico publicado pelo Herald of His Coming,
P.O. Box 886, Newton, Kansas 67114.
© 2012 Editora dos Clássicos
Publicado no Brasil com a devida autorização
e todos os direitos reservados por Publicações Pão Diário
em coedição com Editora dos Clássicos.

Tradução: Elenir Eller Cordeiro
Revisão: Paulo César de Oliveira
Capa: Wesley Mendonça
Diagramação: José Murad Badur
Editor: Gerson Lima

Dados Internacionais de Catalogação na Publicação (CIP)

MURRAY, Andrew
Com Cristo na Escola de Oração / Andrew Murray
Tradução: Elenir Eller Cordeiro
Curitiba/PR, Publicações Pão Diário e São Paulo/SP, Editora dos Clássicos.
Título original: *Learning to Pray (With Chirst in the School of Prayer)*

1. Oração   2. Espiritualidade   3. Discipulado   4. Vida Cristã

Exceto quando indicado o contrário, os trechos bíblicos mencionados são da edição Revista e Atualizada de João F. de Almeida © 2009 Sociedade Bíblica do Brasil.

Publicações Pão Diário
Caixa Postal 9740,
82620-981 Curitiba/PR, Brasil
publicacoes@paodiario.org
www.publicacoespaodiario.com.br
Telefone: (41) 3257-4028

Editora dos Clássicos
www.editoradosclassicos.com.br
contato@editoradosclassicos.com.br
Telefones: (19) 3217-7089
(19) 3389-1368

Código: ED898
ISBN: 978-1-68043-675-4

1.ª edição: 2019 • 4.ª impressão: 2025

Impresso na China

SUMÁRIO

As citações bíblicas são da 2ª edição da Versão Revista e Atualizada da Sociedade Bíblica do Brasil.

Prefácio à Edição Brasileira

Em todos os ensinamentos de Jesus aos Seus discípulos nenhum deles recebeu tanta ênfase quanto os segredos para uma vida de oração vitoriosa. No entanto, para nossa surpresa, ao longo dos anos esse tem sido um dos assuntos e práticas mais negligenciados por aqueles que dizem seguir o Mestre.

Andrew Murray[1], um servo consagrado ao Senhor, aprendeu, *Com Cristo na Escola de Oração*, que a prática constante da oração, de acordo com os ensinamentos do Mestre, é um dos

---

[1] Você encontra uma nota sobre o autor em seu livro *Humildade, a Beleza da Santidade*, publicado por esta editora.

principais segredos para a vida cristã vitoriosa e a base para a sustentação e o avanço da obra de Deus na Terra, assim como a sua negligência é a raiz da doença espiritual da Igreja e a estagnação da obra de Deus.

Procurando cumprir o chamado principal do ministério, que é treinar os filhos de Deus para que estes sejam capacitados a edificarem o Corpo de Cristo (Ef 4.11-12), ele nos convoca a sermos treinados por Cristo em Sua escola de oração para podermos viver de acordo com Sua vontade e, assim, Sua obra ser levada adiante.

Para isso, ele procurou reunir nesta obra tudo que Jesus disse sobre oração, enriquecendo-a com notas contendo trechos de ouro de outros servos do Senhor, encerrando com o excelente texto *George Müller e o Segredo de seu Poder em Oração*.

Ele nos desafia a cultivarmos, individualmente, uma vida de oração diária em secreto com nosso Pai celestial, visando adentrarmos pela fé no nível de poder que Cristo reservou para Sua Igreja, de que, em Seu nome, pelo poder da oração, continuaríamos realizando Sua obra na Terra e fazendo obras maiores do que as que Ele fez. Ele nos encoraja a apropriar-nos das promessas do Mestre de que, em Seu nome, tudo que pedirmos ao Pai Ele nos concederá, levando-nos a crer que é a vontade de Deus termos todas as nossas orações respondidas e que a ausência disso tem como consequência a terrível fraqueza de nossa vida espiritual.

Por meio desta obra somos exortados a alcançar uma vida poderosa em plena união com Cristo e a compartilhar, pelo Espírito, da intercessão d'Aquele que agradou ao Pai em tudo, através de Sua vida de oração, e hoje, à direita do Pai, vive para interceder pelos santos. Assim, viver pela vida de Cristo é compartilhar de Sua vida de intercessão, e somente assim seremos livres dos enganos que nos fazem sentir confortáveis com orações sem resposta, pois a oração que está realmente em união com Cristo é sempre respondida.

Poucos livros sobre oração causaram tanto impacto sobre a Igreja, tocando a vida de milhares de cristãos ao redor do mundo, como esta magnífica obra. Andrew Murray escreveu cerca de 250 livros, e, dentre eles, *Com Cristo na Escola de Oração* é reconhecido pelos mais experimentados servos do Senhor nos últimos dois séculos como um dos maiores clássicos sobre o caminho da vida profunda com Cristo.

Ao publicarmos este clássico, louvamos imensamente ao nosso Pai por cumprirmos mais um encargo que Ele mesmo nos confiou e oramos para que cada leitor, ao adentrar nestas inspiradoras páginas, adentre também, de fato, nas realidades espirituais de cada lição.

Pelos interesses de Cristo,

Os Editores.

Monte Mor, 3 de junho de 2009.

Prefácio

De todas as promessas ligadas ao mandamento "permanecei em mim" (Jo 15.4) não existe nenhuma maior, e nenhuma que mais rapidamente nos leve a confessar: "Não que eu o tenha já recebido ou tenha já obtido a perfeição" (Fl 3.12), do que esta: "Se permanecerdes em mim, e as minhas palavras permanecerem em vós, pedireis o que quiserdes, e vos será feito" (Jo 15.7). Poder com Deus é a mais alta realização de uma vida de plena permanência n'Ele.

E de todas as características de uma vida semelhante à de Cristo não há nada mais sublime nem mais glorioso do que se conformar a Ele na obra a qual agora, incessantemente, Se dedica na presença do Pai – Sua poderosa e eficaz intercessão. Quanto mais permanecemos n'Ele e crescemos à Sua semelhança, mais poderosamente Sua vida sacerdotal opera em nós, e nossa vida se tornará tal qual a Sua, uma vida que sempre suplica e prevalece em favor dos homens.

"Tu nos fizestes reis e sacerdotes para Deus" (Ap 1.6). Poder, influência e bênção são fatores primordiais no ofício de um rei ou de um sacerdote. O rei exerce um poder que vem de cima para baixo; o sacerdote exerce um poder que vai de baixo para cima, levando-o a prevalecer com Deus. Nosso bendito Sacerdote e Rei Jesus exerce Seu poder de rei fundamentado no de sacerdote: "Ele pode salvar totalmente os que por ele se chegam a Deus, vivendo sempre para interceder por eles" (Hb 7.25). E conosco, Seus reis e sacerdotes, não pode ser diferente: é pela intercessão que a Igreja deve exercer seu mais alto poder e que cada um de seus membros deve provar sua descendência israelita, como príncipe que luta com Deus e com os homens e prevalece.

Este livro foi escrito sob uma profunda convicção de que o lugar e o poder da oração na vida cristã têm sido muito pouco compreendidos. Estou bem certo de que enquanto considerarmos a oração apenas um meio de manter nossa vida cristã, nunca alcançaremos seu pleno significado. Mas se aprendermos a considerá-la como a parte mais sublime do trabalho a nós confiado, como a raiz e a força de todo o empreendimento divino, mais nos conscientizaremos de que, acima de qualquer outra coisa, precisamos estudar e praticar a arte de orar corretamente. Se, de alguma maneira, tiver conseguido salientar o ensino progressivo de nosso Senhor em relação à oração, sua nítida indicação de que as maravilhosas promessas da última noite (Jo 14.16) estavam intimamente ligadas com as obras que iríamos realizar em Seu nome (obras maiores até) e com a produção de muito fruto, todos nós teremos de admitir algo seriíssimo: somente quando a Igreja se dispuser para esta divina obra de intercessão é que podemos esperar que o poder de Cristo se manifeste em seu favor. Minha oração é que Deus use este livro para tornar mais claro para alguns de Seus filhos o maravilhoso lugar de poder e influência que Ele – e também o mundo cansado – espera ver ocupado por eles.

Relacionado a isso, gostaria de acrescentar outra verdade que veio a mim com surpreendente clareza à medida que meditava nos ensinamentos de Jesus sobre oração: que o Pai escuta, atentamente, cada oração de fé, a fim de nos conceder seja o que for que desejamos ou pedimos em nome de Jesus. Acostumamo-nos tanto a limitar Seu maravilhoso amor e Suas grandes promessas que não conseguimos ler as mais simples e claras afirmações de nosso Senhor sem estabelecer condições e sem levantar objeções humanas. Se há algo que a Igreja precisa aprender é que Deus quer responder às nossas orações e que ainda não penetrou no coração do homem o que Deus fará ao filho que se dispõe a crer que sua oração será respondida. Deus ouve oração; essa é uma verdade admitida pela maioria dos cristãos, mas são poucos os que entendem seu significado ou experimentam seu poder. Se o que escrevi fizer com que o leitor busque as palavras do Mestre e tome posse de Suas maravilhosas promessas, simples e literalmente como são, então meu objetivo terá sido alcançado. E só mais uma coisa. Milhares têm, nos últimos anos, alcançado uma bênção indescritível ao compreender que Cristo é nossa vida e como Ele se incumbe de ser e fazer em nós tudo que precisamos. Não sei se já aprendemos a aplicar essa verdade à nossa vida de oração. Muitos alegam que não têm poder para orar com fé, para fazer a oração que "muito pode por sua eficácia" (Tg 5.16). A mensagem que de bom grado gostaria de lhes transmitir é que nosso amado e bendito Jesus está esperando, ansioso, para lhes mostrar exatamente como fazer isso.

Cristo é a nossa vida (Cl 3.4): no céu, Ele vive sempre a orar; Sua vida em nós é uma vida de contínua oração, se tão somente confiarmos n'Ele para isso. Cristo nos ensina a orar não apenas pelo exemplo, pela instrução, pelo mandamento ou pelas promessas, mas através de revelar-nos a *Si mesmo* como o Intercessor eterno, como nossa Vida. Apenas quando crermos nisso, e irmos e permanecermos n'Ele também para a nossa vida de oração, é que os nossos temores de não sermos capazes de orar corretamente desvanecerão, e alegre e triunfantemente confiaremos em nosso Senhor para nos ensinar a orar, para ser Ele mesmo a vida e o poder de nossa oração.

Que Deus abra nossos olhos para ver o santo ministério de intercessão para o qual nós, como Seu sacerdócio real, fomos separados. Que Deus nos dê um coração generoso e ousado para crer na poderosa influência que nossas orações podem exercer. E que todo temor quanto à nossa capacidade de cumprir nossa vocação desapareça à medida que virmos Jesus, que vive para orar, que vive em nós para orar e oferece Sua própria garantia para nossa vida de oração.

Andrew Murray

Wellington, 28 de outubro de 1895

Lição 1

"Senhor, ensina-nos a orar."

O Mestre Singular

De uma feita, estava Jesus orando em
certo lugar; quando terminou, um dos seus discípulos
lhe pediu: Senhor, ensina-nos a orar... – Lucas 11.1

Os discípulos haviam estado com Cristo e viram-nO orar. Haviam aprendido a perceber uma ligação íntima entre sua extraordinária vida pública e sua vida secreta de oração. Haviam aprendido a crer n'Ele como o Mestre na arte da oração, pois ninguém podia orar como Ele. Tudo isso justifica o pedido: "Senhor, ensinanos a orar". E anos depois eles nos conscientizariam por meio de seus escritos que as lições de Jesus sobre oração estavam entre as coisas mais maravilhosas e sublimes transmitidas pelo Mestre.

Certa vez, enquanto Jesus orava em um determinado lugar, os discípulos, vendo o empenho e o fervor com que orava, sentiram necessidade de pedir: "Senhor, ensina-nos a orar". À medida que crescemos na vida cristã, o pensamento e a fé na incessante e infalível intercessão do Amado Mestre tornam a oração algo ainda mais precioso, e a esperança de interceder como Cristo ganha um atrativo totalmente novo para nós. E conforme O vemos orar, e reconhecemos que ninguém pode orar nem ensinar como Ele, sentimos a mesma necessidade que os discípulos sentiram de pedir: "Senhor, ensina-nos a orar". E enquanto pensamos em tudo que Ele é e tem, em quanto necessitamos d'Ele e em como Ele mesmo é nossa vida, sentimos segurança de que basta pedir e Ele terá imenso prazer em nos levar a uma comunhão mais íntima com Ele e nos ensinará a orar como Ele ora.

Anime-se, irmão! Por que não nos achegarmos ao nosso Amado Mestre e pedir que Ele também nos matricule nesta escola cujas portas estão sempre abertas àqueles que anseiam por prosseguir seus estudos na divina arte da oração e da intercessão? Sim, vamos agora mesmo dizer ao Mestre, como os discípulos disseram há tempos: "Senhor, ensina-nos a orar". Enquanto meditamos percebemos que cada palavra dessa petição é plena de significado.

"Senhor, ensina-nos a orar." Sim, a orar. É isso que precisamos aprender. Embora, a princípio, oração pareça ser algo tão simples que até a mais débil criança pode fazer, também é, ao mesmo tempo, o trabalho mais sublime e santo que o homem pode realizar. Ela é comunhão com o Deus Invisível e Santíssimo. É a compreensão de que os poderes do mundo eterno estão à nossa disposição. É a própria essência da verdadeira religião, o canal de todas as bênçãos, o segredo do poder e da vida. Não somente para nós mesmos, mas para outros, para a Igreja e para o mundo. É por meio da oração que Deus nos dá o direito de tomar posse de Si mesmo e de Sua força. É pela oração que as promessas esperam por seu cumprimento, o reino por sua vinda e a glória de Deus por sua plena revelação. E como temos sido indolentes e inadequados para realizar esse abençoado trabalho! Somente o Espírito de Deus pode nos capacitar a fazer isso de forma correta. Facilmente nos enganamos e paramos de orar, e o resultado é grande ausência de poder. Nosso treinamento inicial, o ensino da Igreja, a influência do hábito, o tumulto das emoções – quão rapidamente essas coisas nos levam à oração sem poder espiritual e sem muita eficácia. A oração verdadeira – que toma posse da força de Deus e abre de fato os portões do céu –, por ela quem não clamaria: "Oh, que alguém me ensine a orar assim?".

Jesus abriu uma escola e se dispõe a treinar os redimidos que expressam um desejo profundo por obter poder na oração. Que tal ingressarmos nela com esta súplica: "Senhor, como carecemos desse ensino! Ó, ensina-nos a orar".

"Senhor, ensina-nos a orar." Sim, a nós, Senhor. Temos lido em Tua Palavra as orações poderosas que Teus servos do passado fizeram e as grandes maravilhas que Tu operaste em resposta às suas petições. E se isso ocorreu na Antiga Aliança, no tempo de preparação, quanto mais agora, nos dias de cumprimento, Tu não darás a Teu povo a segurança plena de Tua presença em nosso meio. Temos ouvido como Teus apóstolos experimentaram a verdade gloriosa do poder da oração em Teu nome e estamos certos de que tais promessas podem ser verdadeiras para nós também. Ainda hoje temos ouvido inúmeros relatos de sinais gloriosos de Teu poder, os quais Tu ainda concedes àqueles que confiam plenamente em Ti. Senhor, todos esses homens eram sujeitos às mesmas paixões que nós! Sendo assim, ensina-nos também a orar. Se as promessas, os poderes e dons do mundo vindouro são para nós, então nos ensina a orar para que os recebamos abundantemente. Se Tu tens confiado a nós a Tua obra, se de nossas orações também dependem a vinda de Teu reino, se por meio de nossa oração Teu nome pode ser glorificado, então, "Senhor, ensina-nos a orar". Sim, a nós, Senhor. Eis-nos aqui como Teus aprendizes; queremos de fato ser ensinados por Ti. "Senhor, ensina-nos a orar."

"Senhor, ensina-nos a orar." Sim, sentimos uma grande necessidade de ser ensinados a orar. Nada parece, no início, tão simples e depois tão difícil, a ponto de sermos coagidos a confessar: não sabemos orar como convém. É verdade que temos a Palavra de Deus, com suas firmes e claras promessas; mas o pecado tem obscurecido tanto nossa mente que raramente sabemos como aplicar a Palavra. Quando se trata de coisas espirituais, nem sempre buscamos as mais necessárias ou nem sempre oramos de acordo com a lei do santuário. E em relação às coisas temporais, somos mais incapazes ainda de usar a liberdade maravilhosa que o Pai nos concedeu de pedir o que precisamos. E mesmo quando sabemos o que pedir, quanta necessidade ainda há de fazer a oração aceitável. A oração deve ser para a glória de Deus, em total rendição à Sua vontade, em plena certeza de fé, no nome de Jesus, e com tal perseverança que, se necessário for, se recusa a não ser atendida. E como precisamos aprender todas essas coisas. E isso só acontece na escola de muita oração, pois a prática faz a perfeição. Só se aprende a divina arte da oração eficaz em meio à dolorosa consciência de nossa ignorância e falta de merecimento e em meio ao conflito entre crer ou duvidar.

Mesmo que não estejamos cientes disso, o Autor e Consumador de nossa fé e de nossa oração, o qual zela por nossos pedidos e observa os que n'Ele confiam, sim, Ele é o maior interessado para que nossa educação na escola de oração alcance a perfeição. Que brote no mais profundo de nosso coração um desejo ardente por aprender a orar, desejo esse produzido pelo reconhecimento de nossa ignorância e pela fé no nosso Mestre perfeito. Que estejamos convictos de que Ele nos ensinará a orar com poder. Sim, nunca duvidemos disso, Ele ensina a orar.

"Senhor, ensina-nos a orar." Ninguém pode superar Jesus na arte de ensinar; por isso roguemos a Ele: "Senhor, ensina-nos a orar". Um aluno necessita de um professor que conhece bem sua matéria e saiba ensinar, com paciência e amor, para preencher as suas necessidades. Louvado seja Deus! Porque Jesus é tudo isso e muito mais. Ele sabe tudo sobre oração. É Jesus, Ele mesmo orando, quem nos ensina a orar. Ele sabe tudo sobre oração. Aprendeu a orar em meio a lutas e lágrimas de Sua vida na Terra. É o trabalho que mais Lhe dá prazer no céu; lá ainda exerce uma vida de oração. Nada Lhe deixa mais satisfeito do que encontrar aqueles que desejam ser levados à presença do Pai, aqueles a quem pode revestir de poder para orar e trazer as bênçãos de Deus sobre os que os rodeiam, aqueles que podem ser treinados para ser Seus cooperadores na intercessão pela qual Seu reino será revelado na Terra. Como Ele sabe ensinar! Seja pela urgência da necessidade, seja pela confiança jubilosa. Seja pelo ensino da Palavra, ou pelo testemunho de outro crente que sabe o que é ter orações respondidas. Por meio do Espírito Santo Ele penetra nosso coração e nos ensina a orar revelando-nos o pecado que impede nossa oração, ou nos dá a garantia de que nossa oração foi aceita por Deus. Ele ensina não apenas nos dando ideias sobre o que pedir e como pedir, mas soprando dentro de nós o próprio espírito de oração, e ainda vivendo dentro de nós como Grande Intercessor. É com muita certeza e grande alegria que podemos declarar: "Quem ensina como Ele?". Jesus nunca ensinou Seus discípulos a pregar, somente a orar. Não falou muito sobre o que fazer para pregar bem, mas falou muito sobre como orar bem. Saber como falar com Deus é bem mais importante do que saber como falar com os homens. A prioridade é ter poder com Deus e não com os homens. Não há nada que seja mais prazeroso a Jesus do que nos ensinar a orar.

Meu amado irmão, reflita! Não é isso que precisamos, rogar ao Mestre que nos ministre, por um tempo, um curso especial sobre a arte da oração? Medite em Suas palavras proferidas na Terra e renda-se aos Seus ensinamentos na mais profunda confiança de que, com um professor assim, é impossível não fazer progresso. Separe tempo não apenas para meditar, mas para orar e permanecer diante do trono, para ser treinado no trabalho de intercessão. Estejamos certos de que em meio a nossos tropeços e temores Ele realizará Sua obra em nós de forma esplêndida. Ele soprará Sua própria vida, que é toda oração, dentro de nós. À medida que nos tornarmos participantes de Sua justiça e de Sua vida, Ele também intercederá por meio de nós. Como membros de Seu corpo e como sacerdócio santo, faremos parte da obra sacerdotal de rogar e prevalecer com Deus em favor dos homens. Sim, por mais ignorantes e débeis que sejamos, vamos pedir com muito gozo: "Senhor, ensina-nos a orar".

"SENHOR, ensina-nos a orar."

Bendito Senhor! Que vive eternamente em oração, Tu podes me ensinar a orar também e, do mesmo modo, a orar eternamente. Sei que Tu terias imenso prazer em me fazer compartilhar da Tua glória no céu, levando-me a orar sem cessar e a permanecer para sempre como sacerdote na presença de meu Deus.

Senhor Jesus! Peço a Ti que a partir de hoje inclua meu nome no rol daqueles que confessam sua incapacidade de orar como convém e que rogam muito encarecidamente a Ti por um curso que os ensine a orar. Senhor, ensina-me a perseverar Contigo nesta escola e a separar tempo para ser treinado por Ti! Que um profundo sentimento de minha ignorância, do imenso privilégio de experimentar o poder da oração, da necessidade do Espírito Santo como Espírito de oração, me leve a rejeitar de uma vez por todas os pensamentos de que sei como orar e me faça prostrar, em pobreza de espírito, diante de Ti e em verdadeira prontidão para aprender.

E enche-me, Senhor, da confiança de que com um professor igual a Ti é impossível não aprender a orar. Certo de que tenho Jesus como meu mestre, o qual está sempre orando ao Pai, e que por meio de Sua oração governa o destino de Sua Igreja e do mundo, eu declaro que não temerei. E à medida que eu precisar conhecer os mistérios do mundo da oração, Tu me irás descortiná-los. E quando eu não souber como prosseguir, Tu me hás de ensinar a ser forte na fé, dando glória a Deus.

Bendito Senhor! Tu não decepcionarás um aluno que confia em Ti, nem, por Tua graça, ele a Ti. Amém.

Lição 2

"Em espírito e em verdade."

Os verdadeiros adoradores

Mas vem a hora e já chegou, em que os verdadeiros adoradores adorarão o Pai em espírito e em verdade; porque são estes que o Pai procura para seus adoradores. Deus é espírito; e importa que os seus adoradores o adorem em espírito e em verdade. – João 4.23-24

Essas palavras de Jesus à mulher de Samaria são Seu primeiro ensino registrado sobre a matéria da oração. Elas nos dão alguns primeiros vislumbres maravilhosos em relação à palavra oração. O Pai procura adoradores: nossa oração satisfaz Seu coração amoroso e Lhe traz alegria. Ele busca verdadeiros adoradores, mas é algo raro de encontrar. A verdadeira adoração é em espírito e em verdade. O Filho veio abrir o caminho para esse tipo de adoração e Ele mesmo nos ensina a adorar em espírito e em verdade. Sendo assim, uma de nossas primeiras lições na escola de oração deve ser compreender o que é orar em espírito e em verdade e saber como conseguir isso.

À mulher de Samaria nosso Senhor citou três tipos de adoração. Primeiro, a adoração ignorante dos samaritanos: "Vós adorais o que não conheceis". Segundo, a adoração inteligente dos judeus, os quais tinham o verdadeiro conhecimento de Deus: "... nós adoramos o que conhecemos, porque a salvação vem dos judeus". Finalmente, a nova e espiritual adoração que Ele mesmo veio introduzir: "Mas vem a hora e já chegou, em que os verdadeiros adoradores adorarão o Pai em espírito e em verdade". Pelo contexto, é claro que as palavras "em espírito e em verdade" não significam, como geralmente se pensa, com seriedade, de coração, com sinceridade. Os samaritanos possuíam os cinco livros de Moisés e certo conhecimento de Deus: sem dúvida, havia entre eles pelo menos um que honesta e seriamente buscava a Deus em oração. Os judeus possuíam a verdadeira e completa revelação de Deus em Sua palavra, conforme lhes fora dada; havia entre eles homens piedosos que invocavam a Deus de todo seu coração. E mesmo assim não "em espírito e em verdade" no verdadeiro sentido das palavras. Jesus diz: "Mas vem a hora e já chegou, em que os verdadeiros adoradores adorarão o Pai em espírito e em verdade".

Entre os cristãos também podemos encontrar os três grupos de adoradores. Aqueles que em sua ignorância praticamente não sabem o que pedem: eles oram com seriedade, porém recebem pouco. Existem outros que possuem um conhecimento mais correto, que tentam orar com todo seu entendimento e coração e muitas vezes oram seriamente. Mas mesmo assim não conseguem a plena bem-aventurança de adorar em espírito e em verdade. Devemos pedir ao Senhor Jesus que nos introduza neste terceiro grupo; precisamos ser ensinados a adorar em espírito e em verdade. Somente isso é adoração espiritual; somente isso nos transforma no tipo de adoradores que o Pai procura. Na oração, tudo dependerá de nosso entendimento correto e da prática de adoração em espírito e em verdade.

"Deus é espírito; e importa que os seus adoradores o adorem em espírito e em verdade." O primeiro pensamento sugerido aqui pelo Mestre é que deve haver harmonia entre Deus e Seus adoradores; assim como Deus é, assim Sua adoração deve ser. Isso está de acordo com um princípio predominante em todo o universo: deve haver correspondência entre um objeto e o órgão que ele revela ou ao qual se rende. O olho possui uma capacidade interior de se adaptar à luz, e o ouvido ao som. Quem se dispõe a prestar verdadeira adoração a Deus, a encontrá-lO e conhecê-lO, a possuí-lO e se regozijar n'Ele, deve estar em harmonia com Ele, deve ter a capacidade de recebê-lO. Porque Deus é Espírito, devemos adorá-lO em espírito. Como Deus é, assim são Seus adoradores.

E o que isso significa? A mulher perguntou ao Senhor se Samaria ou Jerusalém era o verdadeiro lugar de adoração. Ele respondeu que dali em diante a adoração não estaria mais limitada a determinado lugar: "Mulher, podes crer-me que a hora vem, quando nem neste monte, nem em Jerusalém adorareis o Pai". Porque Deus é Espírito – não limitado pelo espaço ou tempo, mas em Sua infinita perfeição é o mesmo sempre e em todo lugar – assim também Sua adoração, daquele momento em diante, não estaria mais restrita a um lugar ou forma, mas à importância. Como nosso cristianismo padece por estar limitado a tempo ou a lugar específico. Aquele que busca orar com seriedade na "igreja" ou em seu quarto vive a maior parte da semana ou do dia em completa desarmonia com aquilo que orou. Sua adoração foi resultado de um lugar ou hora estabelecida, não de todo o seu ser. Deus é Espírito: Ele é o Eterno e o Imutável; o que Ele é, sempre será e em verdade. Nossa adoração também deve ser em espírito e em verdade: Sua adoração deve ser o espírito de nossa vida; nossa vida deve ser adoração em espírito como Deus é Espírito.

"Deus é espírito; e importa que os seus adoradores o adorem em espírito e em verdade." O segundo pensamento que nos é apresentado é que essa adoração em espírito deve vir do próprio Deus. Deus é Espírito: somente Ele tem o Espírito para dar. Por isso enviou Seu Filho, para nos capacitar para a adoração espiritual, dando-nos o Espírito Santo. Jesus se refere à Sua própria obra quando diz duas vezes: "Mas vem a hora", e depois acrescenta, "e já chegou". Ele veio para batizar com o Espírito Santo; o Espírito não podia ser derramado até que Ele fosse glorificado (Jo 1.33; 7.37-38; 16.7). Só depois que aniquilou o pecado, entrando no Santo dos Santos com Seu sangue e tendo recebido em nosso favor o Espírito Santo (At 2.33), é que Ele pôde enviá-lO a nós como o Espírito do Pai. Só depois que Cristo nos redimiu, e n'Ele recebemos a posição de filhos, é que o Pai enviou o Espírito de Seu Filho em nosso coração para clamar "Aba, Pai". A adoração em espírito é a adoração do Pai no Espírito de Cristo, o Espírito de adoção.

Eis a razão por que Jesus usa aqui o nome Pai. Nunca encontramos um dos santos do Antigo Testamento se apropriando do nome filho ou chamando Deus de Pai. A adoração do Pai só é possível àqueles a quem o Espírito do Filho foi dado. A adoração em espírito somente é possível àqueles a quem o Filho revelou o Pai e àqueles que receberam o espírito de adoção. É somente Cristo que abre o caminho e ensina a adoração em espírito.

E em verdade. Isso não significa somente com sinceridade. Tampouco de acordo com a verdade da Palavra de Deus. A expressão possui um significado profundo e divino. Jesus é o unigênito do Pai, cheio de graça e de verdade: a lei foi dada por Moisés, a graça e a verdade vieram por Jesus Cristo. Jesus diz: "Eu sou o caminho, a verdade e a vida" (Jo 14.6). No Antigo Testamento tudo era sombra e promessa; Jesus trouxe e dá a realidade, a essência, das coisas que se esperam. N'Ele a bênção e o poder da vida eterna são nossa verdadeira possessão e experiência. Jesus é cheio de graça e de verdade; o Espírito Santo é o Espírito da verdade; por meio d'Ele a graça que está em Jesus é nossa de fato e de verdade, uma comunicação positiva a partir da vida divina. Portanto, a adoração em espírito é a adoração em verdade; um verdadeiro relacionamento vivo com Deus, uma real correspondência e harmonia entre o Pai, que é Espírito, e o filho orando no espírito.

A mulher de Samaria não podia entender imediatamente o que Jesus lhe disse. Era necessário acontecer o Pentecoste para que o significado das palavras de Jesus fosse plenamente revelado. Quando entramos pela primeira vez na escola de oração, dificilmente estamos preparados para compreender tal ensino. Só com o passar do tempo entendemos isso melhor. Precisamos ter paciência e receber uma lição de cada vez. Somos carnais e não podemos oferecer a Deus a adoração que Ele busca. Mas Jesus veio para dar o Espírito. Ele O deu a nós. Que nossa disposição para orar tenha como base as palavras que Cristo nos ensinou. Que haja a profunda confissão de nossa incapacidade de oferecer a Deus a adoração que Lhe agrada; a aptidão de uma criança para aprender, que espera n'Ele para ser instruída; uma fé simples que se rende ao mover do Espírito. Acima de tudo, apeguemo-nos à abençoada verdade – descobriremos que o Senhor tem mais a nos dizer sobre isso – de que o conhecimento da Paternidade de Deus, a revelação da Sua infinita Paternalidade em nosso coração, a fé no infinito amor que nos dá Seu Filho e Seu Espírito para que nos tornemos filhos são sem dúvida o segredo da oração em espírito e em verdade. Esse é o novo e vivo caminho que Cristo abriu para nós. Ter Cristo, o Filho, e o Espírito do Filho, habitando em nós e revelando o Pai, é o que nos torna adoradores verdadeiros e espirituais.

"SENHOR, ensina-nos a orar."

Bendito Senhor! Eu exalto o amor com que Tu ensinaste a uma mulher, que recusara a Ti um copo de água, o que é a adoração a Deus. Eu me regozijo na certeza de que Tu nos ensinarás a mesma coisa agora a Teu discípulo que vem a Ti com um coração que anseia por orar em espírito e em verdade. Ó meu Santo Mestre! Ensina-me esse bendito segredo.

Ensina-me que a adoração em espírito e em verdade não vem do homem, mas somente de Ti; que não é somente algo de tempos e épocas, mas o fluir de uma vida em Ti. Ensina-me a aproximar-me de Deus em oração sob a profunda convicção de minha ignorância e de não possuir nada em mim mesmo para Lhe oferecer, e ao mesmo tempo da provisão que Tu, meu Salvador, fazes por meio da respiração do Espírito em minhas gagueiras infantis. Eu realmente Te bendigo, pois em Ti sou uma criança, livre para ter acesso a Ti; pois em Ti tenho o espírito de adoção e de adoração em verdade. Ensina-me, acima de tudo, bendito Filho do Pai, a revelação do Pai que dá confiança em oração; e que a infinita Paternalidade do coração de Deus seja minha alegria e força para uma vida de oração e de adoração. Amém.

Lição 3

"Orarás a teu Pai, que está em secreto."

A sós com Deus

*Tu, porém, quando orares, entra no teu
quarto e, fechada a porta, orarás a teu Pai, que está em secreto; e teu
Pai, que vê em secreto, te recompensará. – Mateus 6.6*

Após chamar Seus primeiros discípulos, Jesus lhes transmitiu Seu primeiro ensino público no Sermão da Montanha. Explicou-lhes sobre o reino de Deus, suas leis e sua vida. Nesse reino, Deus não é apenas Rei, mas Pai; Ele não apenas dá tudo, mas Ele mesmo é tudo. Somente no conhecimento d'Ele e no relacionamento com Ele temos essa bem-aventurança. Por esta razão, era natural que a revelação da oração e a vida de oração fossem parte de seu ensino a respeito do Novo Reino que Ele veio estabelecer. Moisés não deu mandamento nem regras sobre oração, e mesmo os profetas fazem pouca menção sobre o dever de orar; é Cristo quem ensina a orar.

E a primeira coisa que o Senhor ensina aos Seus discípulos é que eles devem ter um lugar secreto para oração; cada um deve ter algum lugar de refúgio onde possa estar sozinho com seu Deus. Todo professor deve ter uma sala de aula. Aprendemos a conhecer e aceitar Jesus como nosso único professor na escola de oração. Ele já nos ensinou em Samaria que a adoração não está mais limitada a tempo e lugar; que a adoração, a verdadeira adoração espiritual, é algo de espírito e vida; o homem deve, com todo o seu ser e por toda sua vida, adorar em espírito e em verdade. E mais: Ele quer que cada um escolha para si um lugar específico onde Ele possa diariamente encontrá-lo. Este quarto secreto ou lugar solitário é a sala de aula de Jesus. Esse espaço pode ser em qualquer lugar; pode mudar de um dia para outro se tivermos de mudar nossa residência; mas esse lugar secreto tem de ser um tempo tranquilo em que o aluno se coloca na presença do Mestre para ser preparado por Ele para adorar o Pai. Somente lá, esteja certo, Jesus vem para nos ensinar a orar.

Um professor sempre anseia que sua sala de aula seja alegre e atraente, cheia de luz e ar celestial, um lugar onde os alunos desejam vir e amam estar. Em Suas primeiras palavras sobre oração no Sermão da Montanha Jesus procura apresentar-nos um quadro do quarto secreto o mais atraente possível. Se ouvirmos cuidadosamente, logo notaremos que o assunto principal que Ele tem a nos dizer é sobre nossa permanência lá. Três vezes Ele usa o nome do Pai: "Orarás a teu Pai"; "Teu Pai te recompensará"; "Deus, o vosso Pai, sabe o de que tendes necessidade". A primeira coisa no quarto de oração é: eu preciso encontrar meu Pai.

A luz que brilha no quarto deve ser: a luz do semblante do Pai. O ar fresco do céu com o qual Jesus o encherá e a atmosfera pela qual vou respirar e orar são: o amor de Deus Pai e sua infinita Paternalidade. Assim cada pensamento ou petição que emitirmos serão simples, sinceros, de uma confiança infantil no Pai. É assim que o Mestre nos ensina a orar: Ele nos introduz na presença viva do Pai. Nossa oração deve ser eficaz. Ouçamos atenciosamente o que o Pai tem a nos dizer.

Primeiro, "orarás a teu Pai, que está em secreto". Deus é um Deus que Se oculta do olho carnal. Em nossa adoração a Deus, enquanto nos ocuparmos principalmente com nossos próprios pensamentos e exercícios, não encontraremos Aquele que é Espírito, o Invisível. Mas àquele que se afasta de tudo que é do mundo e do homem e se prepara para esperar somente em Deus, o Pai Se revelará. À medida que renuncia, desiste e exclui o mundo, e a vida do mundo, e se entrega para ser guiado por Cristo na presença secreta de Deus, a luz de amor do Pai virá sobre ele. A intimidade do quarto secreto e da porta fechada, a total separação de tudo que nos cerca, é uma imagem, e também uma ajuda, daquele santuário espiritual interior, o segredo do tabernáculo de Deus, dentro do véu, onde nosso espírito verdadeiramente entra em contato com o Deus invisível.

E assim somos ensinados, bem no início de nossa busca do segredo da oração eficaz, a lembrar que ele está no quarto secreto; onde ficamos a sós com o Pai, que nos ensinará a orar corretamente. O Pai está em secreto: com essas palavras Jesus nos ensina onde Ele está nos esperando, onde Ele pode ser sempre achado.

Os cristãos muitas vezes reclamam que a oração individual não é o que deveria ser. Sentem-se fracos e pecadores, com o coração frio e pesado; como se tivessem tão pouco para orar, e naquele pouco nenhuma fé ou alegria. Eles estão desencorajados e impedidos de orar porque pensam que não podem ir ao Pai como deveriam ou como desejariam.

Filho de Deus, ouça seu Professor! Ele lhe diz que quando você vai orar sozinho seu primeiro pensamento deve ser: o Pai está em secreto, o Pai me espera lá. Mesmo que seu coração esteja frio e sem vontade de orar, entre na presença do Pai amoroso. Como um pai se compadece de seu filho, assim o Senhor Se compadece de você.

Não pense no pouco que tem para oferecer a Deus, mas no quanto Ele lhe quer dar. Apenas se coloque diante d'Ele e contemple Sua face; medite no Seu amor, nas Suas maravilhas, na Sua ternura e amor compassivo. Apenas diga a Ele como tudo é pecaminoso, frio e pesado: é o coração amoroso do Pai que iluminará e aquecerá o seu.

Faça o que Jesus disse: feche a porta do quarto e ore a seu Pai que está em secreto. Não é maravilhoso, ser capaz de ficar sozinho com Deus, o Deus infinito, e depois erguer os olhos e dizer: meu Pai?

"… e teu Pai, que vê em secreto, te recompensará." Aqui Jesus nos assegura que a oração secreta não pode ser infrutífera: sua bênção se manifestará em nossa vida. Se tão-somente em secreto, sozinhos com Deus, confiarmos a Ele nossa vida diante dos homens, Ele nos recompensará abertamente. Ele cuidará para que a resposta à oração se manifeste por meio de Sua bênção sobre nós. Desta forma, nosso Senhor nos ensina que é por Sua infinita Paternalidade e Fidelidade que Deus nos encontra em secreto, de forma que cabe a nós ter a fé simples de uma criança, a confiança de que nossa oração traz a bênção até nós. Aquele que se aproxima de Deus deve crer que Ele é o galardoador daqueles que O buscam. Não que a bênção do quarto secreto dependa do sentimento forte ou fervoroso com que eu oro, mas do amor e do poder do Pai a quem eu confio minhas necessidades. E assim o Mestre tem apenas um desejo: lembrar que seu Pai está, vê e ouve em secreto; vá e permaneça lá, e saia de lá com esta confiança: Ele o recompensará. Confie n'Ele para isso; dependa d'Ele: a oração para o Pai nunca é vã; Ele o recompensará abertamente.

Para confirmar ainda mais essa fé no amor paterno de Deus, Cristo faz uma terceira declaração: "Porque Deus, o vosso Pai, sabe o de que tendes necessidade, antes que lho peçais". À primeira vista pode parecer que esse pensamento torna a oração menos necessária: Deus sabe melhor do que nós o que precisamos. Mas à medida que adquirirmos um discernimento mais profundo do que realmente é a oração, essa verdade ajudará, e muito, a fortalecer nossa fé. Ela nos ensinará que não necessitamos, como os gentios, com a multidão e urgência de nossas palavras, convencer um Deus indisposto a nos ouvir. Ela conduzirá a uma santa meditação e silêncio na oração como sugere a pergunta: meu Pai realmente sabe que eu necessito disso? Ela nos dará – uma vez que já fomos conduzidos pelo Espírito à certeza de que nossa petição é de fato, de acordo com a Palavra, uma necessidade para a glória de Deus – uma maravilhosa confiança para dizer: *meu Pai sabe* que eu preciso disso e devo ter isso. E se houver qualquer demora na resposta, essa verdade nos ensinará a afirmar em tranquila perseverança: Pai, tu bem sabes que eu preciso disso. Ó, a bendita liberdade e simplicidade de um filho que Cristo, nosso Professor, quer cultivar de bom grado em nós à medida que nos achegamos a Deus. Ergamos os olhos para o Pai até que Seu Espírito opere isso em nós. Algumas vezes em nossas orações, quando corremos o risco de estar tão ocupados com nossas fervorosas e insistentes petições, a ponto de esquecermos que o Pai sabe e ouve, vamos permanecer quietos e apenas mansamente dizer: meu Pai vê, meu Pai ouve, meu Pai sabe. Isso ajudará nossa fé a receber a resposta e a dizer: sabemos que temos recebido o que Lhe pedimos.

E agora, você que entrou na escola de Cristo para aprender a orar, pegue essas lições, pratique-as e confie n'Ele para seu aperfeiçoamento nelas. Gaste tempo no quarto secreto, com a porta fechada – fechada para os homens e fechada com Deus; é lá que o Pai espera por você, é lá que Jesus o ensinará a orar. Estar a sós em secreto com o *Pai*: isso deve ser sua maior alegria. Estar certo de que o *Pai* recompensará abertamente a oração secreta, de modo que ela não pode ficar sem ser abençoada: essa será sua força dia após dia. E saber que o *Pai* sabe que você necessita daquilo que pede: essa será sua liberdade para apresentar cada necessidade, na certeza de que nosso Deus a suprirá de acordo com Suas riquezas em glória em Cristo Jesus.

"SENHOR, ensina-nos a orar."

Bendito Salvador! De todo meu coração eu Te bendigo por me mostrar o quarto secreto, como a escola onde Tu encontras cada um de Teus alunos a sós e lhes revelas o Pai. Ó meu Senhor! Fortalece minha fé no terno amor e bondade do Pai, para que sempre que eu me sentir pecador ou atribulado o primeiro pensamento instintivo seja ir para onde eu sei que o Pai espera por mim, e onde a oração nunca pode ficar sem ser abençoada. Que o pensamento de que Ele sabe do que necessito antes que eu peça me leve, em grande tranquilidade de fé, a confiar que Ele dará o que Seu filho precisa. Ó, que o lugar de oração secreta se torne para mim o lugar mais amado da Terra.

E Senhor, ouve-me enquanto eu oro para que Tu abençoes em todo lugar os quartos de Teu povo que crê! Que Tua maravilhosa revelação da ternura do Pai liberte todos os jovens cristãos de pensar na oração secreta como uma tarefa ou uma carga e leve-os a ver isso como o mais alto privilégio de sua fé, uma alegria e uma bênção. Traze de volta todos os que estão desencorajados, porque não sabem como chegar a Ti em oração. Faze-os entender que eles apenas têm de se apresentar vazios perante Aquele que tem tudo para dar, e se alegra em fazer isso. Que seu único pensamento seja não o que eles têm de levar ao Pai, mas o que o Pai espera para lhes dar.

E abençoe especialmente o quarto secreto de todos os Teus servos que estão trabalhando para Ti, como o lugar onde a verdade de Deus e a graça de Deus lhes são reveladas, onde eles são diariamente ungidos com óleo fresco, onde sua força é renovada e as bênçãos são recebidas em fé, com as quais eles vão abençoar seus companheiros. Senhor, atrai-nos no quarto para mais perto de Ti mesmo e do Pai. Amém.

Lição 4

"Orareis assim."

O modelo de oração

*Portanto, vós orareis assim: Pai nosso, que
estás nos céus, santificado seja o teu nome. – Mateus 6.9*

Todo professor conhece o poder do exemplo. Ele não somente ensina a criança o que fazer e como fazê-lo, mas lhe mostra como isso realmente pode ser feito. Por ser condescendente com nossa fraqueza, nosso Professor Celestial nos deu as verdadeiras palavras que temos de levar conosco ao nos aproximar de nosso Pai. Temos nelas uma forma de oração pela qual se respira o frescor e a plenitude da Vida Eterna. Tão simples que uma criança pode balbuciá-la, tão ricamente divina que abrange tudo que Deus pode dar. Uma forma de oração que se torna o modelo e a inspiração para todas as outras orações e sempre nos leva de volta para si mesma como a mais profunda expressão de nossa alma diante de nosso Deus.

"Pai nosso, que estás nos céus!" Para apreciar corretamente essa palavra de adoração, devo lembrar que nas Escrituras nenhum dos santos nunca se aventurou a se dirigir a Deus como seu Pai. A invocação nos coloca de imediato no centro da maravilhosa revelação que o Filho veio trazer de que seu Pai também é nosso Pai. Compreende o mistério da redenção – Cristo livrando-nos da maldição para que possamos nos tornar filhos de Deus; o mistério da regeneração – o Espírito, no novo nascimento, dando-nos nova vida; e o mistério da fé – antes de a redenção ser realizada ou entendida, a palavra é colocada nos lábios dos discípulos para prepará-los para a bendita experiência que ainda estava por vir. As palavras são a chave para a oração inteira, para toda oração. Requer tempo e uma vida para estudá-las; levará a eternidade para entendê-las completamente. O conhecimento do amor paterno de Deus é a primeira e mais simples, mas também a última e mais sublime lição na escola de oração. É no relacionamento pessoal com o Deus vivo, e na consciente e pessoal comunhão de amor com Ele mesmo, que a oração se inicia. É no conhecimento da Paternalidade de Deus, revelada pelo Espírito Santo, que o poder da oração será achado para criar raízes e crescer. É na infinita ternura, compaixão e paciência do Pai infinito, em sua amorosa disposição para ouvir e ajudar, que a vida de oração encontra sua alegria. Vamos agir com calma, até que o Espírito tenha tornado essas palavras espírito e verdade para nós, enchendo nosso coração e vida: "Pai nosso, que estás nos céus". Então entraremos de fato além do véu, no lugar secreto de poder onde a oração sempre prevalece.

"Santificado seja o teu nome." Há algo aqui que nos atinge imediatamente. Enquanto geralmente nós primeiro levamos nossas próprias necessidades para Deus em oração e depois pensamos sobre o que pertence a Deus e Seus interesses, o Mestre inverte a ordem. Primeiro, *Teu* nome, *Teu* reino, *Tua* vontade; depois, dá-*nos*, perdoe-*nos*, guia-*nos*, liberta-*nos*. A lição é muito mais importante do que pensamos. Na verdadeira adoração o Pai tem de ser o primeiro, tem de ser tudo. Quanto mais cedo eu aprender a esquecer de mim mesmo, desejando que Ele seja glorificado, mais rica será a bênção que a oração trará para mim mesmo. Ninguém nunca perde aquilo que sacrifica para o Pai.

Isso tem de influenciar toda nossa oração. Existem dois tipos de oração: pessoal e intercessória. Esta geralmente ocupa a menor parte de nosso tempo e energia. Não deveria ser assim. Cristo abriu a escola de oração especialmente para treinar intercessores para a grande obra de atrair, pela fé e pela oração, as bênçãos de Sua obra e amor para todo o mundo. Não pode haver nenhum profundo crescimento em oração a não ser que isso seja nosso alvo. O filho pequeno pode pedir ao pai somente o que precisa para si mesmo; e contudo logo aprende a dizer: dê algo para minha irmã também. Mas o filho maduro, que vive somente para os interesses do pai e toma conta dos negócios do pai, pede mais generosamente e alcança tudo que pede. E Jesus deseja nos treinar para uma vida abençoada de consagração e serviço, na qual todos os nossos interesses estão subordinados ao Nome, ao Reino e à Vontade do Pai. Vivamos para isso e, em cada ato de adoração, para o Nosso Pai! Sigamos ao mesmo tempo Teu Nome, Teu Reino, Tua Vontade; seja isso nossa contemplação e nosso anelo.

"Santificado seja teu nome." Que nome? Esse novo nome do Pai. Santo é a palavra central do Antigo Testamento; o nome Pai é a do Novo Testamento. Nesse nome de Amor, toda santidade e glória de Deus estão agora para ser reveladas. E como o nome é santificado? Por meio do próprio Deus: "Vindicarei a santidade do meu grande nome, que foi profanado entre as nações, o qual profanaste no meio delas..." (Ez 36.23). Nossa oração deve ser que em nós mesmos, em todos os filhos de Deus, diante do mundo, o próprio Deus revele a santidade, o poder divino, a glória escondida do nome do Pai. O Espírito do Pai é o Espírito *Santo*: somente quando nos rendermos para ser guiados por Ele é que o nome será santificado em nossas orações e em nossa vida. Vamos aprender a oração: "Pai nosso, santificado seja o teu nome".

"Venha o teu reino." O Pai é um Rei e tem um reino. O filho e herdeiro de um rei não possui maior ambição do que a glória do reino de seu pai. Em tempo de guerra ou de perigo, isso se torna sua paixão; ele não pode pensar em nada mais. Os filhos do Pai estão aqui no território inimigo, onde o reino, que está no céu, ainda não se manifestou totalmente. Nada mais natural, quando aprendem a santificar o nome do Pai, do que almejar e gritar com profundo entusiasmo: "Venha o Teu reino". A vinda do reino é o grande evento do qual a revelação da glória do Pai, a bem-aventurança de Seus filhos e a salvação do mundo dependem. E a vinda do reino também espera por nossas orações. Vamos nos unir ao profundo e ardente clamor dos redimidos: "Venha o Teu reino"? Vamos aprender isso na escola de Jesus.

"Faça-se a tua vontade, assim na terra como no céu." Frequentemente essa petição é aplicada somente ao sofrimento da vontade de Deus. No céu a vontade de Deus é feita, e o Mestre ensina o filho a pedir que a vontade seja feita na Terra como no céu: no espírito de reverente submissão e com disposição para obedecer. Porque a vontade de Deus é a glória do céu, o seu realizar é a bem-aventurança do céu. À medida que Sua vontade é feita, o reino do céu vem para o coração. E em qualquer lugar que a fé aceita o amor do Pai, a obediência aceita a vontade do Pai. A entrega e a oração por uma vida de obediência celestial é o espírito de oração de um filho.

"O pão nosso de cada dia dá-nos hoje." Quando o filho primeiramente se rende ao Pai por causa de Seu Nome, de Seu Reino e de Sua Vontade, ele tem plena liberdade para pedir seu pão diário. Um senhor se importa com a comida de seu servo, um general com a de seu soldado, um pai com a de seu filho. E não se importará o Pai celestial com o filho que em oração se entregou a Seus interesses? Com toda certeza podemos dizer: "Pai, eu vivo para Tua honra e Tua obra; eu sei que Tu cuidas de mim". Consagração a Deus e à Sua vontade produz maravilhosa liberdade em oração para as coisas temporais: toda vida terrena é entregue ao amoroso cuidado do Pai.

"E perdoa-nos as nossas dívidas, assim como nós temos perdoado aos nossos devedores." Da mesma forma que o pão é a primeira necessidade do corpo, assim é o perdão para a alma. E a provisão é certa para ambos. Somos filhos, mas também pecadores; nosso direito de acesso à presença do Pai se deve ao precioso sangue e ao perdão obtido por ele a nosso favor. Estejamos atentos para que a oração por perdão não se torne uma formalidade: apenas o que é realmente confessado é realmente perdoado. Aceitemos pela fé o perdão como foi prometido: como uma realidade espiritual, uma verdadeira transação entre Deus e nós, o acesso a todo o amor do Pai e a todos os privilégios de filhos. Tal perdão, como uma experiência viva, é impossível sem um espírito perdoador para outros: enquanto ser perdoado está voltado para o céu, perdoar está voltado para a Terra, a relação do filho de Deus. Em cada oração ao Pai devo ser capaz de dizer que não conheço ninguém a quem eu não ame de coração.

"E não nos deixes cair em tentação, mas livra-nos do mal." Nosso pão de cada dia, o perdão de nossos pecados e finalmente nosso ser guardado de todo pecado e do poder do maligno – essas três petições abrangem todas as nossas necessidades pessoais. A oração por pão e perdão deve ser acompanhada pela entrega para viver toda nossa vida em santa obediência à vontade do Pai, e na oração com confiança de que em tudo seremos guardados do poder do maligno pelo poder do Espírito que habita em nós.

Filhos de Deus! É assim que Jesus deseja que oremos ao Pai celestial. Que Seu Nome, Reino e Vontade tenham a primazia em nosso amor; Sua provisão, perdão e amor sustentador certamente serão nossa porção. Assim a oração nos conduzirá à verdadeira vida de filho: o Pai todo para o filho, o Pai todo pelo filho. Entenderemos como o Pai e o filho, o Seu e o nosso, são a mesma coisa, e como o coração que inicia sua oração com o Seu devotado Deus terá o poder em fé para expressar o Nosso também. Tal oração, de fato, será a comunhão e o intercâmbio de amor, sempre nos trazendo de volta em confiança e adoração a Ele, que não é somente o Início, mas também o Fim: "Pois teu é o reino, o poder e a glória para sempre. Amém!". Filho do Pai, ensina-nos a orar: *Pai Nosso*.

"SENHOR, ensina-nos a orar."

Tu que és o Filho unigênito, ensina-nos, nós te imploramos, a orar "PAI Nosso". Agradecemos a Ti, Senhor, por essas palavras benditas e vivas que Tu nos deste. Agradecemos a Ti pelos milhões que por elas aprenderam a conhecer e adorar o Pai, e pelo que elas significam para nós. Senhor, é como se necessitássemos de dias e semanas em Tua escola com cada petição separada, de tão profundas e completas que são. Mas olhamos para Ti para entender mais profundamente seu significado: faça isso, oramos a Ti, por causa de Teu nome; Teu nome é Filho do Pai.

Senhor, Tu disseste uma vez: "Ninguém sabe quem é o Pai, senão o Filho, e aquele a quem o Filho o quiser revelar" (Mt 11.27). E mais uma vez: "Eu lhes fiz conhecer o teu nome e ainda o farei conhecer, a fim de que o amor com que me amaste esteja neles, e eu neles esteja" (Jo 17.26). *Senhor Jesus, revela-nos o Pai! Que Teu nome, Teu infinito amor de Pai, o amor com que Ele Te amou, de acordo com Tua oração, esteja em nós. Então diremos corretamente: "Pai NOSSO"!´*

Então compreenderemos Teu ensino e nosso primeiro e espontâneo pensamento será: "Pai Nosso, Teu Nome, Teu Reino, Tua Vontade". E traremos nossas necessidades, nossos pecados e nossas tentações a Ele na confiança de que o amor de um Pai como esse cuida de todos nós.

Bendito Senhor! Somos Teus alunos, confiamos em Ti; ensina-nos a orar: "Pai Nosso". Amém.

Lição 5

"Pedi, e dar-se-vos-á."

A certeza da resposta à oração

*Pedi, e dar-se-vos-á; buscai e achareis; batei,
e abrir-se-vos-á. Pois todo o que pede recebe; o que busca
encontra; e, a quem bate, abrir-se-lhe-á. – Mateus 7.7-8*

... pedis e não recebeis, porque pedis mal... – Tiago 4.3

Nosso Senhor volta a falar sobre oração, pela segunda vez, no Sermão da Montanha. A primeira vez falou sobre o Pai, que deve ser achado em secreto, que recompensa abertamente e nos deu o modelo de oração (Mt 6.5). Agora Ele quer nos ensinar o que em toda Escritura é considerada a principal questão em oração:

a garantia de que a oração será ouvida e respondida. Observe como Ele usa palavras que significam quase a mesma coisa e cada vez repete a promessa de forma tão distinta: dar-se-vos-á, achareis, abrir-se-vos-á; e depois oferece como fundamento de tal certeza a lei do reino: "Pois todo o que pede recebe; o que busca encontra; e, a quem bate, abrir-se-lhe-á". Não podemos deixar de sentir com essa sexta repetição que Ele quer imprimir de modo profundo em nossas mentes uma única verdade: que podemos e devemos com muita confiança esperar uma resposta para a nossa oração. Depois da revelação do amor do Pai não há, no curso todo, lição mais importante do que esta: todo aquele que pede recebe.

Nas três palavras que o Senhor usa – *pedir, buscar, bater* – uma diferença de significado foi pretendida. Se esse era de fato Seu propósito, então a primeira, *pedir*, refere-se aos dons que pedimos. Mas eu posso pedir e receber o dom sem o Doador. *Buscar* é a palavra que a Escritura usa referindo-se ao próprio Deus; Cristo me assegura que eu posso encontrá-lO. Mas não é suficiente achar Deus em tempo de necessidade, sem ir a Ele para permanecer em comunhão. *Bater* fala da permissão para habitar n'Ele e com Ele. Pedir e receber o dom nos levaria desta forma a buscar e achar o Doador, e isso novamente nos levaria a bater e abrir a porta da casa e do amor do Pai. Uma coisa é certa: o Senhor realmente quer que tenhamos absoluta certeza de que pedir, buscar e bater nunca é em vão: receber uma resposta, achar Deus, o coração aberto e a casa do Pai são frutos garantidos da oração.

O fato de o Senhor achar necessário repetir essa verdade de tantas formas revela a tremenda importância dessa lição. Prova que Ele conhece nosso coração, sabe que dúvida e falta de confiança em Deus é algo natural para nós e sabe como facilmente temos a tendência de pensar sobre a oração como um trabalho religioso sem uma resposta. Sabe também que mesmo quando cremos que Deus ouve a oração, a oração com confiança, que se agarra à promessa, é algo espiritual, muito alto e difícil para o discípulo indeciso. Portanto, bem no início de Sua instrução àqueles que vão aprender a orar, procura fixar essa verdade bem no íntimo de seus corações: a oração vale muito; pedi e dar-se-vos-á; todo o que pede recebe. Essa é a lei permanente e eterna do reino: se você pedir e não receber, é porque deve haver algo errado ou faltando na oração. Persevere; deixe a palavra e o Espírito ensiná-lo a orar corretamente, mas não deixe que a confiança que Ele busca despertar se vá: todo o que pede recebe.

"Pedi, e dar-se-vos-á." Cristo não oferece estímulo maior para perseverar em oração em Sua escola do que esse. Como uma criança tem de tirar a prova para ver se a soma está correta, assim a prova de que oramos corretamente é a resposta à oração. Se pedimos e não recebemos, é porque não aprendemos a pedir corretamente. Portanto, que todo aluno na escola de Cristo confie na palavra do Mestre com toda simplicidade: todo o que pede recebe. Ele teve boas razões para falar de forma tão incondicional. Que tenhamos cuidado para não enfraquecer a Palavra com nossa sabedoria humana. Quando Ele nos fala coisas celestiais, creiamos n'Ele. Sua Palavra explicará a si mesma àquele que crê nela totalmente. Se surgirem perguntas e dificuldades, não procuremos entendê-las primeiro para depois aceitar a Palavra. Não; confiemos tudo a Ele: cabe a Ele resolver tudo isso. Nosso trabalho é, antes de tudo, aceitar plenamente e agarrar Sua promessa. Que em nosso quarto secreto, e também no quarto secreto de nosso coração, a Palavra seja gravada com letras reluzentes: pois todo o que pede recebe.

De acordo com esse ensinamento do Mestre, a oração consiste de duas partes ou dois lados: um humano e um divino. O humano é pedir, o divino é dar. Ou, olhando para ambos a partir de uma perspectiva humana, existe o pedir e o receber – as duas metades que formam o inteiro. É como se Ele nos dissesse que nós não podemos ficar sem uma resposta, porque esta é a vontade de Deus, a regra na família do Pai: toda petição feita com fé como de uma criança obtém resposta. Se a resposta não vem, não devemos nos sentar à mesa que se chama resignação e supor que não é a vontade de Deus dar uma resposta. Não. Deve haver algo na oração que não está de acordo com o desejo de Deus, uma oração que pede com fé como a de uma criança; nós temos de buscar graça para orar para que a resposta venha. É bem mais fácil para a carne resignar-se sem a resposta do que se render para ser examinada e purificada pelo Espírito, até que aprenda a orar a oração da fé.

É uma das terríveis características do estado doentio da vida cristã nesses dias, que existam tantos que fiquem satisfeitos sem a distinta experiência de resposta à oração. Eles oram diariamente, pedem muitas coisas e confiam que algumas delas serão ouvidas, mas conhecem pouco sobre a resposta direta e definida à oração como regra diária de vida. E é isso que o Pai deseja; Ele busca diariamente relacionamento com Seus filhos ouvindo e atendendo suas petições. Ele deseja que eu vá a Ele dia após dia com pedidos definidos; Ele deseja dia após dia realizar o que eu peço. Foi através de Sua resposta à oração que os santos de antigamente aprenderam a conhecer a Deus como o Deus vivo e foram impulsionados a louvá-lO e amá-lO (Sl 34; 66.19; 116.1). Nosso Professor espera imprimir isso em nossa mente; oração e sua resposta, o filho pedindo e o Pai respondendo, as duas coisas pertencem uma à outra.

Pode haver casos em que a resposta seja uma recusa, porque o pedido não está de acordo com a Palavra de Deus, como aconteceu com Moisés quando pediu para entrar em Canaã. Mas mesmo assim ainda houve uma resposta: Deus não deixou Seu servo em dúvida sobre Sua vontade. Os deuses do ímpio são mudos e não podem falar. Nosso Pai permite que Seu filho saiba quando Ele não pode lhe dar o que está sendo pedido, e ele retira sua petição, assim como o Filho fez no Getsêmani. Tanto Moisés, o servo, como Cristo, o Filho, souberam que o que pediam não estava de acordo com aquilo que o Senhor falara: a oração deles foi a humilde súplica para saber se não haveria possibilidade de mudar a decisão. Deus ensinará àqueles que são dóceis e passam tempo com Ele, por Sua Palavra e Espírito, para ver se seu pedido está de acordo com Sua vontade ou não. Retiremos o pedido se não estiver de acordo com a mente de Deus, ou perseveremos até que a resposta venha. O alvo da oração é a resposta. É pela oração e por sua resposta que o intercâmbio de amor entre o Pai e Seu filho ocorre.

Quão profundamente separado de Deus deve estar o nosso coração para achar tão difícil se apossar de tais promessas. Mesmo quando aceitamos as palavras e cremos na sua verdade, a fé do coração, que totalmente as possui e se regozija nelas, vem tão lentamente. É porque nossa vida espiritual ainda está tão fraca, e a capacidade de captar os pensamentos de Deus é tão débil. Mas olhemos para Jesus para nos ensinar como só Ele sabe. Se considerarmos Suas palavras com simplicidade e confiarmos n'Ele por seu Espírito para torná-las em nós vida e poder, então elas penetrarão nosso interior, fazendo com que a divina e espiritual realidade que elas contêm faça parte de nós, e não nos daremos por satisfeitos até que cada petição que apresentamos seja levada aos céus conforme as palavras do próprio Jesus: "Pedi, e dar-se-vos-á".

Amado companheiro de discipulado, que nos disponhamos a aprender bem essa lição. Que compreendamos essas palavras como elas foram pronunciadas. Não permitamos que a razão humana enfraqueça sua força. Vamos entender essas palavras como Jesus as oferece e crer nelas. Ele nos ensinará na ocasião oportuna como entendê-las plenamente. Comecemos crendo nelas inquestionavelmente. Vamos separar um tempo, sempre que orarmos, para ouvir a Sua voz: todo o que pede recebe. Não tornemos as débeis experiências de nossa incredulidade a medida do que nossa fé pode esperar. Vamos buscar, não somente em nosso tempo de oração, mas em todo o tempo, reter firmemente a jubilosa certeza: a oração do homem na Terra e a resposta de Deus no céu se complementam. Confiemos em Jesus para nos ensinar a orar dessa maneira, para que a resposta possa vir. Ele fará isso, se nos apegarmos fortemente à palavra que Ele dá hoje: "Pedi, e dar-se-vos-á".

"SENHOR, ensina-nos a orar."

Ó Senhor Jesus! Ensina-me a entender e a crer no que Tu agora me prometeste. Não estão ocultas para Ti, ó meu Senhor, as razões que o meu coração busca para satisfazer a si mesmo quando não há resposta alguma. Há o pensamento de que minha oração não está em harmonia com o conselho secreto do Pai; que talvez haja algo melhor que Tu queres me dar; ou que a oração como comunhão com o Pai já é bênção suficiente, mesmo sem uma resposta. E no entanto, meu bendito Senhor, descubro em Teu ensinamento sobre oração que Tu não disseste essas coisas, mas afirmaste tão claramente que a oração pode e deve esperar uma resposta. Tu realmente nos asseguras que isso é a comunhão de um filho com o Pai; o filho pede e o Pai dá.

Bendito Senhor! Tuas palavras são fiéis e verdadeiras. Deve ser porque eu oro mal que minha experiência de oração respondida não é clara. Deve ser porque eu vivo muito pouco no Espírito que minha oração é muito pouco no Espírito e o poder para a oração da fé é inexistente.

Senhor! Ensina-me a orar. Senhor Jesus! Eu confio em Ti para isso; ensina-me a orar com fé. Senhor, ensina-me essa lição de hoje! Todo o que pede recebe. Amém.

Lição 6

"Quanto mais?"

A paternalidade infinita de Deus

*Ou qual dentre vós é o homem que, se porventura
o filho lhe pedir pão, lhe dará pedra? Ou, se lhe pedir um
peixe, lhe dará uma cobra? Ora, se vós, que sois maus, sabeis dar
boas dádivas aos vossos filhos, quanto mais vosso Pai, que está nos
céus, dará boas coisas aos que lhe pedirem? – Mateus 7.9-11*

Com essas palavras nosso Senhor prossegue para confirmar o
que Ele disse sobre a certeza da resposta da oração. Para eliminar
todas as dúvidas e nos mostrar como é firme o fundamento de Sua
promessa, Ele apela para algo que todos veem e experimentam na
Terra. Somos todos filhos e sabemos o que esperar de nossos pais.

Somos pais, ou constantemente os vemos; e em todo lugar consideramos isso a coisa mais natural que pode haver: que um pai ouça seu filho. E o Senhor nos pede para olharmos os pais terrenos, que mesmo sendo maus dão o melhor para seus filhos, e calcular quanto mais coisas boas o Pai celeste dará àqueles que Lhe pedem. Jesus nos leva a perceber que como Deus é muito maior do que o homem pecador, então deve ser muito maior nossa convicção de que Ele atenderá, com certeza mais do que qualquer pai terreno, nossas petições de filho. Como Deus é muito maior do que o homem, então é muito mais certo que a oração será ouvida pelo Pai no céu do que por um pai na terra.

Assim como é simples e inteligível essa parábola, assim também é profundo e espiritual seu ensinamento. O Senhor quer nos lembrar que a oração de um filho deve sua influência totalmente ao relacionamento estabelecido com seu pai. E essa influência só pode ser exercida se o filho estiver realmente vivendo esse relacionamento, em casa, em amor, no serviço do Pai. O poder da promessa "pedi, e dar-se-vos-á" se baseia no relacionamento amoroso entre nós como filhos e o Pai no céu; quando vivemos e caminhamos nesse relacionamento, a oração da fé tem como resultado natural sua resposta. E assim a lição que temos aqui na escola de oração é esta: viva como um filho de Deus, então você será capaz de orar como um filho, e como um filho você pode ter absoluta certeza de que será ouvido.

E o que é a verdadeira vida de um filho? A resposta pode ser encontrada em qualquer lar. O filho que por vontade própria esquece a casa do pai, que não encontra nenhum prazer na presença, no amor e na obediência do pai, e ainda pensa em pedir e obter o que ele deseja, ficará, com certeza, desapontado. Já aquele cujo relacionamento, vontade, honra e amor do pai é a alegria de sua vida descobrirá que o pai tem prazer em atender aos seus pedidos. As Escrituras dizem: "Pois todos os que são guiados pelo Espírito de Deus são filhos de Deus". O privilégio do filho de pedir tudo é inseparável da vida do filho sob a liderança do Espírito. Aquele que se submete à liderança do Espírito em sua vida também será guiado por Ele em suas orações. E ele achará que o dar do Pai é a resposta divina para o viver do filho.

Para perceber o que é esse viver como filho, no qual o pedir e o crer do filho está fundamentado, temos somente de notar o que nosso Senhor ensina no Sermão da Montanha sobre o Pai e Seus filhos. Nele as promessas de oração estão contidas nos preceitos da vida; os dois são inseparáveis. Eles formam um todo; e Ele somente pode confiar o cumprimento da promessa àquele que também aceita tudo o que o Senhor relacionou com ela. É como se ao falar a frase "pedi, e dar-se-vos-á", Ele dissesse: "Eu dou essas promessas àqueles a quem eu retratei nas bem-aventuranças como pobres e puros como crianças, e de quem disse: 'Eles serão chamados filhos de Deus' (Mt 5.3-9); para filhos que 'deixam sua luz resplandecer diante dos homens, para que possam glorificar seu Pai que está nos céus'; para aqueles que caminham em amor, 'para que vos torneis filhos do vosso Pai celeste', e que buscam ser perfeitos 'como perfeito é vosso Pai celeste' (v. 48); para aqueles que jejuam, oram e dão esmolas (6.1-18) não diante de homens, mas 'diante de vosso Pai que vê em secreto'; que perdoam como seu Pai lhes perdoa (6.15); que confiam no Pai celestial e na Sua justiça (6.26-32); que não apenas dizem: Senhor, Senhor, mas fazem a vontade de meu Pai que está no céu" (7.21). São esses os filhos do Pai, e essa é a vida em amor e em serviço do Pai. É nessa vida de filho que orações respondidas são certas e abundantes.

Mas esse ensinamento não irá desencorajar os que são fracos? Se primeiro tivermos de corresponder a essa descrição de filho, muitos não terão de abrir mão da esperança de obter respostas à oração? A dificuldade é removida se nós pensarmos mais uma vez sobre o bendito nome de pai e filho. Uma criança é fraca; há uma grande diferença entre as crianças quando consideramos idade e talentos. O Senhor não exige de nós um cumprimento perfeito da lei, mas exige somente uma entrega de todo coração, como de uma criança disposta a viver como filho com Ele em obediência e verdade. Nada mais. Mas também nada menos. O Pai deve ter o coração por inteiro. Quando isso acontece, e Ele vê o filho com objetivo honesto e vontade firme de buscar em tudo ser e viver como um filho, então nossa oração será para Ele como a oração de um filho. Se alguém simples e honestamente começar a estudar o Sermão da Montanha e tomar isso como seu guia de vida, descobrirá, apesar de suas fraquezas e falhas, uma liberdade cada vez maior para reivindicar o cumprimento das promessas de Deus com respeito à oração. No nome do pai e do filho, ele tem a garantia de que suas petições serão atendidas.

Esse é o pensamento principal que Jesus enfatiza aqui, o qual Ele gostaria que todos os Seus alunos assimilassem. Ele deseja que vejamos que o segredo da oração eficaz é: ter o coração cheio do amor paternal de Deus. Não basta saber que Deus é um Pai. Ele quer que gastemos tempo até ficarmos totalmente impactados com as implicações do significado desse nome. Devemos visualizar o melhor pai terreno que conhecemos e pensar na ternura e amor com que considera o pedido de seu filho, o amor e a alegria com que garante cada desejo razoável; devemos então, à medida que pensamos em reverente adoração sobre o amor infinito e a paternalidade de Deus, considerar como com muito mais ternura e alegria Ele nos vê indo até Ele, e nos dá aquilo que pedimos corretamente. E assim, quando enxergamos o quanto essa aritmética divina vai além de nossa compreensão, e sentimos quão impossível é para nós compreender a disposição de Deus em nos ouvir, então Ele vem e abre nosso coração para que o Espírito Santo derrame nele abundantemente o amor paterno de Deus. Não ajamos assim somente quando vier um desejo de orar, mas disponhamos o coração e a vida para permanecer nesse amor. O filho que quer conhecer o amor do pai somente quando tem algo para pedir ficará desapontado, mas aquele que permite que Deus seja Pai sempre e em tudo, que vive toda sua vida contente e alegre na presença e no amor do Pai, que permite a Deus em toda Sua grandeza e amor ser um Pai para ele, oh!, experimentará de forma muito gloriosa que uma vida na infinita paternalidade de Deus e contínuas respostas às orações são inseparáveis.

Amado companheiro de discipulado! Começamos a ver a razão pela qual sabemos tão pouco sobre respostas diárias à oração e qual é a principal lição que o Senhor tem para nós em sua escola. Tudo está no nome do Pai. Meditamos em novos e mais profundos discernimentos sobre alguns dos mistérios do mundo da oração que devem ser obtidos na escola de Cristo; Ele declara que o primeiro é a mais sublime lição; nós devemos aprender a dizer apropriadamente: "Aba, Pai!", "Pai nosso, que estás nos céus". Quem pode dizer isso tem a chave para toda oração. Com toda a compaixão que um pai ouve seu filho fraco ou adoentado, com toda a alegria que ele ouve um filho gaguejante, com toda a gentil paciência que suporta um filho inconseqüente, nós devemos, por meio de muitos exemplos, estudar o coração de nosso Pai, até que cada oração seja levada ao céu na fé de sua divina palavra: "Quanto mais vosso Pai, que está nos céus, dará boas coisas aos que lhe pedirem?".

"SENHOR, ensina-nos a orar."

Bendito Senhor! Tu sabes que essa, embora seja uma das primeiras, mais simples e mais gloriosas lições em Tua escola, é para nosso coração uma das mais difíceis de aprender: sabemos tão pouco sobre o amor do Pai. Senhor! Ensina-nos a viver assim com o Pai de modo que Seu amor seja para nós mais próximo, mais evidente e mais querido do que o amor de qualquer pai terreno. E que a certeza de que Tu ouves a nossa oração seja muito maior do que a confiança em um pai terreno, assim como os céus são mais altos do que a Terra e como Deus é infinitamente maior do que um homem. Senhor! Mostra-nos que é somente nossa distância do Pai que impede a resposta da oração, e leva-nos à verdadeira vida de filhos de Deus. Senhor Jesus! É o amor de pai que desperta a confiança do filho. Revela-nos o Pai, Sua ternura e Seu amor compassivo, para que nos tornemos como crianças e experimentemos como a vida de filho é o fundamento do poder da oração.

Bendito Filho de Deus! O Pai Te ama e Te deu todas as coisas. E Tu amas o Pai e fizeste todas as coisas que Ele Te ordenou, por isso tens o poder para pedir todas as coisas. Senhor! Dá-nos teu próprio Espírito, o Espírito do Filho. Torna-nos filhos, como Tu eras na Terra. E que toda oração seja inspirada na fé de que como o céu é mais alto do que a Terra, assim o amor paterno de Deus e sua prontidão em dar o que pedimos ultrapassa tudo o que podemos pensar ou imaginar. Amém.

Nota

(Extraída de *Pensamentos sobre santidade*, de Mark Guy Pearse. O que se diz de forma tão bela sobre o conhecimento da Paternalidade de Deus como ponto de partida para a santidade também é verdadeiro sobre a oração.)

"Pai nosso, que estás nos céus." Dizemos isso somente como expressão de uma reverente homenagem. Pensamos sobre isso como uma figura emprestada da vida terrena, e ao usá-la com Deus atribuímos-lhe somente um significado leve e superficial. Temos medo de encarar Deus como nosso terno e compassivo pai. Ele é um mestre, ou talvez menos que isso, e sabe pouco sobre nós. É um inspetor que só nos conhece por meio de nossas lições. Seus olhos não estão no aluno, mas no livro, e tudo mais deve seguir o padrão.

Porém, abra os ouvidos de seu coração, tímido filho de Deus; deixe que isso atinja o mais íntimo de seu ser. Eis o ponto de partida para a santidade: o amor, a paciência e a compaixão de nosso Pai celeste. Não temos de aprender a ser santos como uma lição difícil na escola, para que Deus pense bem de nós. Temos de aprender isso em casa com o Pai para nos ajudar. Deus o ama não porque é esperto, não porque é bom, mas porque Ele é seu Pai. A Cruz de Cristo não faz Deus nos amar; é o resultado e a medida de Seu amor por nós. Ele ama todos os Seus filhos, os desajeitados, os lerdos, o pior de Seus filhos. Seu amor está por trás de todas as coisas, e nós temos de nos firmar nisso como o fundamento sólido de nossa vida cristã, não crescendo para alcançar isso, mas crescendo a partir disso. Temos de começar de lá ou nosso começo nos levará a nada. Por favor, tome posse disso firmemente. Temos de desistir de nós mesmos para qualquer esperança, ou qualquer força, ou qualquer confiança. E que esperança, que força e que confiança podem ser nossas agora se começarmos daqui: Pai nosso, que estás nos céus.

Temos de penetrar na ternura e na ajuda que estão por trás dessas palavras e descansar nisso – Pai nosso. Repitamos isso muitas vezes até que algo dessa maravilhosa verdade faça parte de nós. Significa que estou ligado a Deus pelo mais íntimo e terno relacionamento, que eu tenho direito a Seu amor, a Seu poder e a Sua bênção, e nada mais pode me suprir disso. Ó, com que ousadia podem nos aproximar d'Ele! Ó, que grandes coisas temos o direito de pedir! Pai nosso. Significa que todo Seu infinito amor e paciência e sabedoria se inclinam para me ajudar. Nesse relacionamento temos não somente a possibilidade de santidade, mas infinitamente mais do que isso.

É por aqui que começamos, no amor paciente de nosso Pai. Pense em como Ele conhece cada um de nós como indivíduos, com todas as nossas peculiaridades e com todas as nossas fraquezas e dificuldades. O mestre julga de acordo com os resultados, mas nosso Pai julga de acordo com os esforços. Fracasso nem sempre significa falha. Ele sabe o preço das coisas e pesa aquilo que os outros somente medem. Pai nosso. Pense em como é grande o estoque de Seu amor para os pobres começos de Seus amados, por mais desajeitados e insignificantes que os outros venham a considerá-los. Tudo isso e infinitamente mais está envolvido neste bendito relacionamento. Não tenha medo de tomar posse disso tudo como seu.

Lição 7

"Quanto mais o Espírito Santo."

A dádiva que inclui tudo

Ora, se vós, que sois maus, sabeis dar boas
dádivas aos vossos filhos, quanto mais o Pai celestial dará
o Espírito Santo àqueles que lho pedirem? – Lucas 11.13

No Sermão da Montanha o Senhor já tinha declarado seu maravilhoso ´Quanto mais?´. Aqui em Lucas, onde repete a pergunta, há uma diferença. Em vez de falar, como fez antes, sobre dar boas dádivas, ele diz: "Quanto mais o Pai celestial dará O ESPÍRITO SANTO?". Assim Ele nos ensina que a principal e a melhor das dádivas é o Espírito Santo, ou antes, que nessa dádiva todas as outras estão incluídas. O Espírito Santo é a primeira das dádivas do Pai e aquela que Ele mais se deleita em conceder. O Espírito Santo é, portanto, a dádiva que, acima de tudo, temos de buscar.

O valor inefável dessa dádiva é fácil de ser entendido. Jesus falou sobre o Espírito como "a promessa do Pai"; a única promessa pela qual a Paternidade do Pai se revela. A melhor dádiva que um bom e sábio pai pode conceder a um filho na Terra é seu próprio espírito. Este é o grande objetivo de um pai na educação: reproduzir em seu filho sua própria disposição e caráter. Se o filho quiser conhecer e entender seu pai; se, à medida que cresce, quiser entender toda sua vontade e planos; se desejar ter sua maior alegria no pai, e o pai nele, ele tem de ser uma só mente e espírito com ele. E por isso é impossível imaginar Deus concedendo maior dádiva a Seu filho do que esta: seu próprio Espírito. Deus é o que é por meio de seu Espírito, o Espírito é a própria vida de Deus. Pense por um momento no que isso significa – Deus dando seu próprio Espírito a Seu filho na Terra.

Não era essa a glória de Jesus como filho na Terra, que o Espírito do Pai estava n'Ele? No Seu batismo no Jordão as duas coisas foram unidas – a voz, proclamando-o o Filho Amado, e o Espírito, descendo sobre Ele. E é isso que o apóstolo diz sobre nós: "E, porque vós sois filhos, enviou Deus ao nosso coração o Espírito de seu Filho, que clama: Aba, Pai". Um rei busca em toda educação de seu filho aflorar nele um espírito de rei. Nosso Pai no céu deseja nos educar como filhos para a vida santa e celestial em que vive, por isso nos concede, da profundeza de Seu coração, Seu próprio Espírito. Foi esse todo o propósito de Jesus quando, depois de ter feito expiação pelo Seu próprio sangue, entrou em nosso lugar na presença de Deus e assim obteve para nós e enviou para habitar em nós o

Espírito Santo. Visto que o Espírito do Pai e do Filho e toda a vida e amor do Pai e do Filho estão n'Ele, ao vir até nós o Espírito nos introduz na mesma comunhão. Como Espírito do Pai, Ele derrama abundantemente o amor do Pai, por meio do qual Ele amou o Filho, em nosso coração e nos ensina a viver n'Ele. Como Espírito do Filho, Ele infunde em nós a liberdade, a devoção e a obediência de filho que o Filho viveu sobre a Terra. O Pai não pode conceder maior ou mais maravilhosa dádiva do que esta: Seu próprio Espírito Santo, o Espírito de adoção.

Essa verdade naturalmente nos leva a pensar que essa primeira e principal dádiva de Deus deve ser o primeiro e principal objetivo de toda oração. Para cada necessidade da vida espiritual esta é a única coisa necessária: o Espírito Santo. Toda a plenitude está em Jesus; a plenitude da graça e da verdade, da qual recebemos graça sobre graça. O Espírito Santo é o tabelião nomeado, cujo trabalho especial é fazer Jesus e tudo que há n'Ele se tornar nosso em posse pessoal e em bendita experiência. Ele é o Espírito de vida em Cristo Jesus. Assim como essa vida é maravilhosa, do mesmo modo é maravilhosa a provisão que esse agente provê para nós. Se apenas nos rendermos totalmente à vontade do Espírito e deixarmos que faça o que quiser conosco, Ele manifestará a vida de Cristo dentro de nós. Ele fará isso pelo Seu poder divino, mantendo a vida de Cristo em nós de forma contínua e ininterrupta. Certamente, se há uma oração que nos leva para o trono do Pai e nos mantém lá é esta: que o Espírito Santo, que nós como filhos recebemos, flua em nós e através de nós em maior plenitude.

Por meio dos vários dons que o Espírito tem para dispensar Ele preenche cada necessidade do cristão. Pare e pense nos nomes que Ele possui: o Espírito de graça, que nos revela e transmite toda a graça que há em Jesus; o Espírito de fé, que nos ensina a começar e prosseguir sempre crescendo na fé; o Espírito de adoção e de promessa, que testemunha que somos filhos de Deus e nos inspira a clamar confiadamente: Aba, Pai!; o Espírito da verdade, que nos guia a toda verdade, para tornar cada palavra de Deus nossa de fato e de verdade; o Espírito de oração, através do qual conversamos com o Pai, a oração que deve ser ouvida; o Espírito de julgamento e juízo, que sonda o coração e o convence do pecado; o Espírito de santidade, que manifesta e comunica a presença santa do Pai em nós; o Espírito de poder, que nos faz fortes para testificar com ousadia e trabalhar com eficácia no serviço do Pai; o Espírito de glória, o penhor de nossa herança, a preparação e o antegozo da glória por vir. Certamente o filho de Deus necessita somente de uma coisa para ser capaz de realmente viver como filho: ser cheio do Espírito.

E a lição que Jesus nos ensina hoje em sua escola é esta: que o Pai está simplesmente ansiando por dar o Espírito a nós se tão-somente pedirmos, como um filho que depende do Pai, o que Ele diz: "Ora, se vós, que sois maus, sabeis dar boas dádivas aos vossos filhos, *quanto mais* o Pai celestial dará o Espírito Santo àqueles que lho pedirem?". De acordo com a promessa de Deus, "derramarei meu Espírito abundantemente", e conforme seu mandamento, "enchei-vos do Espírito", temos a medida do que Deus está pronto para dar e o que podemos obter. Como filhos de Deus, já recebemos o Espírito. Mas ainda necessitamos pedir e orar por Seus dons e operações especiais à medida que necessitamos deles. E não somente isso, mas para que Ele mesmo se aposse inteira e completamente de nós; por sua contínua e instantânea orientação. Como o ramo, mesmo cheio da seiva da videira, está sempre clamando pelo fluir contínuo e crescente da seiva para que produza bons frutos, assim o crente, regozijando-se na posse do Espírito, deve estar sempre sedento e suplicante por mais. Aquilo que o grande Professor quer que aprendamos é que somente a promessa de Deus e o Seu mandamento podem ser a medida de nossa expectativa e de nossa oração. Temos de ser cheios em abundância. Ele deseja que peçamos isso na certeza de que o maravilhoso *quanto mais* do amor paterno de Deus é a garantia de que, quando pedimos, com toda certeza recebemos.

Creiamos nisso. À medida que oramos para ser cheios do Espírito, não busquemos pela resposta em nossos sentimentos. Todas as bênçãos espirituais devem ser recebidas, isto é, aceitas ou possuídas em fé. Creia-me, o Pai dá o Espírito Santo para o filho que pede. Mesmo agora, enquanto oro, devo dizer em fé: eu tenho o que peço, a plenitude do Espírito é minha. Permaneçamos firmes nessa fé. Na força da Palavra de Deus sabemos que temos o que pedimos. Continuemos, com gratidão pelo que temos ouvido, com gratidão pelo que temos recebido e nos apropriado como nosso, firmes na oração com confiança de que a bênção, que já nos foi dada e retemos em fé, há de romper e encher todo nosso ser. É nesse agradecimento e oração confiantes que nossa alma se abre para que o Espírito tome posse completa e serena. É a oração que não somente pede e espera, mas recebe e segura, que herda a bênção completa. Em toda oração que fizermos, lembremos da lição que o Salvador quer nos ensinar hoje; que, se existe algo na Terra de que podemos estar certos é isto: que o Pai deseja que sejamos cheios do Seu Espírito, que Ele Se deleita em nos dar Seu Espírito.

E uma vez que temos aprendido a crer por nós mesmos, e a cada dia extrair do tesouro que possuímos no céu, que liberdade e poder para orar pelo derramar do Espírito na Igreja de Deus, sobre toda carne, nas pessoas ou em trabalhos especiais! Aquele que aprendeu por si mesmo a conhecer o Pai em oração aprende a orar mais confiantemente por outros também. O Pai dá o Espírito Santo aos que Lhe pedem, principalmente quando pedem para outros.

"SENHOR, ensina-nos a orar."

Pai que está nos céus! Tu tens enviado Teu Filho para revelar a Ti mesmo para nós, Teu amor de Pai e todo este amor que tens por nós. E Ele nos ensinou que a dádiva acima de todas as dádivas que Tu desejas conceder em oração é o Espírito Santo.

Ó meu Pai! Venho a Ti com esta oração; não há nada que eu deseje mais do que ser cheio do Espírito Santo. As bênçãos que Ele traz são tão inefáveis e justamente o que eu preciso. Ele derrama em abundância Teu amor no coração e enche-o de Ti mesmo. Anseio por isso. Ele infunde a mente e a vida de Cristo em mim, para que eu viva como Ele viveu, através e para o amor do Pai. Anseio por isso. Ele reveste com poder do alto todo meu caminhar e trabalhar. Anseio por isso, ó Pai! Eu imploro a Ti, dá-me neste dia a plenitude do Teu Espírito.

*Pai! Eu peço isso descansando nas palavras de meu Senhor: "**Quanto mais o Espírito Santo?**". Eu creio realmente que Tu ouves minha oração; eu recebo agora o que peço. Pai! Eu reivindico e me aposso disto: a plenitude de Teu Espírito é minha. Eu recebo a dádiva hoje novamente como um dom de fé. Em fé eu reconheço que meu Pai opera pelo Espírito tudo que Ele prometeu. O Pai Se deleita em derramar Seu Espírito para o filho que espera enquanto Ele permanece em comunhão com Ele mesmo. Amém.*

Lição 8

"Por causa de sua importunação."

A ousadia dos amigos de Deus

Disse-lhes ainda Jesus: Qual dentre vós, tendo um amigo, e este for procurá-lo à meia-noite e lhe disser: Amigo, empresta-me três pães, pois um meu amigo, chegando de viagem, procurou-me, e eu nada tenho que lhe oferecer. E o outro lhe responda lá de dentro, dizendo: Não me importunes; a porta já está fechada, e os meus filhos comigo também já estão deitados. Não posso levantar-me para tos dar; digo-vos que, se não se levantar para dar-lhos por ser seu amigo, todavia, o fará por causa da importunação e lhe dará tudo o de que tiver necessidade. – Lucas 11.5-8

O primeiro ensinamento aos discípulos foi dado por nosso Senhor no Sermão da Montanha. Foi quase um ano depois que os discípulos pediram que Jesus os ensinasse a orar. Como resposta, Ele lhes deu pela segunda vez a oração do Senhor, ensinando-os assim sobre o que orar. Ele então lhes fala sobre como devem orar e repete o que ensinara anteriormente sobre a paternidade de Deus e a certeza de uma resposta. Mas em meio a isso Ele acrescenta a bela parábola do amigo importuno, para ensinar-lhes uma dupla lição: Deus não quer que oremos somente por nós mesmos, mas pelos que sofrem ao nosso redor, e que esse tipo de intercessão frequentemente exige grande ousadia para suplicar e é sempre legítima, agradável a Deus.

A parábola é uma perfeita fonte de instrução sobre a verdadeira intercessão. Há, primeiro, o amor que busca ajudar os necessitados ao nosso redor: "Um amigo procurou-me". Depois a necessidade que insiste em clamar: "Eu nada tenho que lhe oferecer". A seguir a confiança de que a ajuda pode ser obtida: "Qual dentre vós, tendo um amigo, e este lhe disser: Amigo, empresta-me três pães". Depois vem a recusa inesperada: "Não posso levantar-me para tos dar". Depois novamente a perseverança que não aceita recusa: "Por causa da importunação". E finalmente, a recompensa deste tipo de oração: "E lhe dará tudo de que tiver necessidade". Uma maravilhosa demonstração do caminho da oração e da fé pelo qual a bênção de Deus é tantas vezes buscada e encontrada.

Limitemo-nos ao pensamento principal: a oração como um apelo à amizade de Deus. E nós descobriremos duas lições que são especialmente sugeridas. A primeira é que se somos amigos de Deus, e como tais irmos a Ele, temos de provar que somos de fato amigos dos necessitados. A amizade de Deus conosco e a nossa para com outros caminham de mãos dadas. A segunda é que se formos a Ele dessa forma, temos total liberdade para reivindicar uma resposta.

A oração pode ser usada de duas maneiras: uma é obter força e bênção para nossa própria vida; outra, a mais sublime, a verdadeira glória da oração, o motivo pelo qual Cristo nos leva à Sua comunhão e ensinamento, é a intercessão, em que a oração é o poder real que um filho de Deus exerce nos céus em favor de outros e até mesmo do reino. Vemos isso nas Escrituras, como, por meio da intercessão por outros, Abraão e Moisés, Samuel e Elias, com todos os homens santos de outrora, provaram que tinham poder com Deus e prevaleceram. É quando nos doamos para ser uma bênção que podemos especialmente contar com as bênçãos de Deus. É quando nos aproximamos de Deus como o amigo do pobre e do sofredor que podemos contar com Sua amizade. O homem justo que é amigo do pobre é de forma muito especial amigo de Deus. Isso produz maravilhosa liberdade em oração. Senhor! Eu tenho um amigo necessitado a quem preciso ajudar. Como amigo, eu me encarrego de ajudá-lo. Em Ti eu tenho um amigo, cuja bondade e riqueza sei serem infinitas: estou certo de que Tu me darás o que peço. Se eu, sendo mal, estou pronto para ajudar meu amigo no que puder, quanto mais Tu, ó meu Amigo celestial, não farás agora por Teu amigo o que ele Te pede?

A própria pergunta pode sugerir que, se a paternidade de Deus não dá essa confiança em oração, o pensamento de Sua amizade dificilmente pode nos ensinar algo mais: um pai é mais do que um amigo. E mais, se levarmos isso em consideração, esta súplica da amizade de Deus nos abre novas maravilhas. Que o filho obtenha o que pede de seu pai parece perfeitamente natural, nós quase consideramos esse ato de dar uma obrigação do pai.

Mas com um amigo é como se a bondade fosse mais livre, dependente não de algo natural, mas da simpatia e do caráter. E assim a relação de um filho é mais que perfeita dependência. Dois amigos estão quase no mesmo nível. Portanto, nosso Senhor, no anseio por nos revelar o mistério espiritual da oração, de bom grado deseja que nos aproximemos d'Ele nessa base também, como aqueles que Ele reconhece como Seus amigos, cuja mente e vida estão em concordância com a Sua.

Temos então de viver como Seus amigos. Eu ainda sou um filho mesmo sendo um peregrino, mas a amizade depende da conduta. "Vós sois meus amigos, se fazeis o que eu vos mando." "Vês como a fé cooperava juntamente com as suas obras; com efeito, foi pelas obras que a fé se consumou, e se cumpriu a Escritura, a qual diz: Ora, Abraão creu em Deus, e isso lhe foi imputado para justiça; Foi chamado amigo de Deus." É este o Espírito, "o mesmo Espírito", que nos guia e também dá testemunho de que somos aceitos por Deus. "Da mesma forma, também", o mesmo Espírito nos ajuda em oração. É uma vida como amigo de Deus que proporciona a maravilhosa liberdade de dizer: eu tenho um amigo a quem eu posso recorrer até mesmo à meia-noite. E quanto mais quando vou a ele no mesmo espírito dessa amizade, manifestando eu mesmo a mesma bondade que eu procuro em Deus, buscando ajudar meu amigo assim como quero que Deus me ajude. Quando vou a Deus em oração, Ele sempre me sonda para ver o propósito de minha petição. Se for simplesmente para meu próprio conforto ou alegria que busco Sua graça, eu não recebo. Mas se eu posso dizer que é para que Ele seja glorificado ao dispensar Suas bênçãos a outros, não terei pedido em vão. Ou se peço por outros, mas quero esperar até que Deus me faça tão rico, que não seja nenhum sacrifício ou ato de fé ajudá-los, não obterei resposta. Mas se posso dizer que já me encarreguei de meu amigo necessitado, que em minha pobreza já iniciei a obra de amor, porque eu sei que tenho um amigo que vai me ajudar, minha oração será ouvida. Oh, não sabemos o quanto a súplica é eficaz: a amizade da Terra, em sua necessidade, olhando para a amizade do céu: "E lhe dará tudo o de que tiver necessidade".

Mas nem sempre de imediato. A única coisa por meio da qual o homem pode honrar e alegrar a Deus é a fé. A intercessão faz parte da escola de treinamento da fé. Aí a nossa amizade com os homens e com Deus é provada. Aí se vê se minha amizade com o necessitado é real, a ponto de gastar tempo e sacrificar meu descanso, para sair até mesmo à meia-noite e não descansar até que eu obtenha para o amigo o que preciso. Aí se vê se minha amizade com Deus é tão transparente que posso depender d'Ele para não me mandar embora e, portanto, orar até que Ele me responda.

Que profundo mistério celestial é o da oração perseverante! O Deus que prometeu é o que anseia por fazer, é o Deus cujo propósito é firme para dar a bênção, sem retê-la. Para Ele é de profunda importância que Seus amigos na Terra conheçam e confiem totalmente no seu rico Amigo no céu. Ele os treina, na escola da resposta demorada, para que descubram como sua perseverança realmente prevalece e quão poderoso é o poder que podem exercer no céu se tão-somente se dispuserem a fazer isso. Existe uma fé que vê a promessa e a abraça, porém não a recebe (Hb 11.13, 39). É quando a resposta da oração não vem, e a promessa em que estamos muito firmemente confiando parece ser de nenhum efeito, que a prova da fé, mais preciosa do que ouro, acontece. É por meio dessa prova que a fé que abraça a promessa é purificada, fortalecida e preparada em amizade pessoal e santa com o Deus vivo, para ver a glória de Deus.

A fé agarra e segura a promessa até que receba o cumprimento daquilo que reivindicara em uma fidelidade viva no invisível e vivo Deus.

Que cada filho de Deus que busca fazer a obra de amor no serviço de seu Pai se revista de coragem. Os pais com seus filhos, o professor com sua turma, o visitante com sua região, o leitor da Bíblia com seu grupo, o pregador com seus ouvintes, cada um que, em seu pequeno círculo, aceitou e suporta o encargo pelos famintos e pelos que sofrem – que todos sejam corajosos. A princípio nada é tão estranho para nós como o fato de Deus realmente exigir oração perseverante, que deva existir de fato necessidade espiritual por importunação. É para nos ensinar isso que o Mestre usa essa parábola um tanto estranha. Se a indelicadeza de um egoísta amigo terreno pode ser vencida por meio de importunação, quanto mais útil isso será com o Amigo celestial, que tem prazer em dar, mas é impedido por nossa inaptidão espiritual, nossa incapacidade de possuir o que Ele tem para nos dar. Que Lhe sejamos gratos porque ao demorar em nos dar a resposta Ele está nos disciplinando para a nossa verdadeira posição e para exercer todo nosso poder com Ele e também nos treinando para viver com Ele na amizade de fé e confiança inabaláveis, para sermos de fato amigos de Deus. Seguremos o cordão de três dobras que não pode ser quebrado: o amigo faminto necessitando de ajuda, o amigo que ora buscando a ajuda e o Amigo Poderoso que ama dar tudo o de que ele tiver necessidade.

"SENHOR, ensina-nos a orar."

Ó meu bendito Senhor e Professor! Eu devo ir a Ti em oração. Teu ensinamento é tão glorioso, e ainda tão alto para eu compreender. Tenho que confessar que meu coração é muito pequeno para se apossar desses pensamentos de maravilhosa ousadia que posso usar com Teu Pai como meu Amigo. Senhor Jesus, eu confio em Ti para me dar Teu Espírito com Tua Palavra e tornar a Palavra rápida e poderosa em meu coração. Eu desejo guardar Tua palavra de hoje: "Por causa da importunação lhe dará tudo o de que tiver necessidade".

Senhor! Ensina-me a conhecer melhor o poder da oração perseverante. Eu sei que nela o Pai Se adapta à nossa necessidade de tempo para que a vida interior atinja seu crescimento e amadurecimento, para que Sua graça possa realmente ser assimilada e encarnada em nós. Eu sei que Ele de bom grado nos treinaria para o exercício de uma fé forte que não O deixa ir mesmo diante de aparente desapontamento. Eu sei que Ele quer que alcancemos aquela maravilhosa liberdade, na qual entendemos como Ele realmente fez a dispensação de suas dádivas dependente de nossa oração. Senhor! Eu sei isso: ensina-me a ver isso em espírito e em verdade.

E agora que isso seja a alegria de minha vida para me tornar despenseiro de meu Rico Amigo no céu, para cuidar de todos os que estão famintos e sofrendo, mesmo à meia-noite, porque eu sei que meu amigo sempre dá ao que persevera, por causa de sua importunação, tudo o de que tiver necessidade. Amém.

Lição 9

"Rogai ao Senhor da seara."

A oração provê trabalhadores

E, então, se dirigiu a seus discípulos: A seara,
na verdade, é grande, mas os trabalhadores
são poucos. Rogai, pois, ao Senhor da seara
que mande trabalhadores para a sua seara. – Mateus 9.37-38

O Senhor frequentemente ensinou a Seus discípulos que eles devem orar e como devem orar, mas raramente os ensinou sobre o que orar. Isso Ele deixou para o seu senso de necessidade e sob a direção do Espírito. Mas na passagem acima ele expressamente os dirige a lembrar de uma coisa. Em vista da abundante colheita e da necessidade de ceifeiros, eles têm de clamar ao

Senhor da seara para enviar trabalhadores. Assim como na parábola do amigo à meia-noite, Ele quer que compreendam que a oração não deve ser egoísta; é o poder pelo qual a bênção pode vir para outros. O Pai é Senhor da seara. Quando nós oramos pelo Espírito Santo, devemos orar para que Ele prepare e envie trabalhadores para a obra.

Por que Ele pede a Seus discípulos para orar por isso? Ele mesmo não podia ter feito isso? Sua oração não teria mais êxito do que mil deles? Deus, o Senhor da seara, não estaria consciente de tal necessidade? E Ele não enviaria, no Seu próprio tempo, trabalhadores sem as orações dos discípulos? Tais questionamentos nos levam para os mais profundos mistérios da oração e para seu poder no reino de Deus. A resposta a essas perguntas nos convencerá de que a oração é na verdade um poder do qual o ajuntamento da colheita e a vinda do Reino realmente dependem.

Oração não é uma fórmula ou uma exibição. O próprio Senhor Jesus era a verdade; tudo que Ele disse era a verdade. Quando Ele viu "as multidões, compadeceu-se delas, porque estavam aflitas e exaustas como ovelhas que não têm pastor", então convocou os discípulos para orar para que trabalhadores lhes fossem enviados (ver Mateus 9.36). Ele fez isso porque realmente creu que suas orações seriam necessárias e úteis.

O véu que encobre de nós o mundo invisível era, de uma forma maravilhosa, transparente à santa alma humana de Jesus. Ele viu longa e profundamente a ligação oculta de causa e efeito no mundo espiritual. Ele registrou na Palavra como Deus chamou homens como Abraão, Moisés, Josué, Samuel e Daniel, dando-lhes autoridade sobre os homens em Seu nome, e ao mesmo tempo dera a eles autoridade e direito para invocar os poderes do céu para ajudá-los quando fosse necessário. Jesus sabia que assim como a obra de Deus fora confiada a esses homens do passado e a Ele mesmo por um tempo aqui na Terra, agora era chegada a hora de passá-la às mãos de Seus discípulos. Ele sabia que onde lhes fosse dada essa responsabilidade, não seria uma mera questão de fórmula ou exibição. O sucesso efetivo da obra dependeria deles e de sua fidelidade.

Como um simples indivíduo, limitado a um corpo humano e a uma vida humana, Jesus sente quão pouco uma curta visita pode realizar entre as ovelhas errantes que vê ao Seu redor. Ele anseia ajudá-las a ser adequadamente cuidadas. Portanto, diz a Seus discípulos para começarem a orar. Quando assumissem o trabalho de Jesus na Terra, esta teria de se tornar uma de suas principais petições em oração: que o próprio Senhor da seara enviasse trabalhadores para Sua seara. Uma vez que Ele lhes confiara o trabalho e o fizera em grande extensão dependente deles, dá-lhes autoridade para Lhe suplicar por trabalhadores para ajudá-los, e faz o suprimento dependente de suas orações.

Quão pouco os cristãos realmente sentem e lamentam a necessidade de trabalhadores nos campos do mundo tão maduros para a ceifa. Quão pouco eles creem que nosso suprimento de trabalhadores depende de nossa oração e que a oração irá de fato prover "tudo o de que tiver necessidade". A escassez de trabalhadores é conhecida e discutida. Às vezes são feitos esforços para suprir a necessidade. Mas quão pouco o encargo pelas ovelhas errantes sem Pastor é realmente assumido na fé de que o Senhor da seara enviará os trabalhadores em resposta à oração. Sem essa oração campos prontos para a colheita serão deixados a perecer. Sim, é isso que acontece. O Senhor entregou Sua obra nas mãos de Sua Igreja. Ele Se fez dependente deles como Seu Corpo, por meio do qual Sua obra deve ser realizada. O poder que o Senhor dá a Seu povo para exercer no céu e na Terra é real; a quantidade de trabalhadores e o tamanho da colheita verdadeiramente dependem de suas orações.

Por que não obedecemos à instrução do Mestre mais apaixonadamente e clamamos com mais fervor por trabalhadores? Por dois motivos. Primeiro, falta-nos a compaixão de Jesus, que deu origem a esse pedido de oração. Os crentes devem aprender a amar ao próximo como a si mesmos e a viver inteiramente para a glória de Deus em seus relacionamentos com os homens. O primeiro mandamento do Pai para Seus redimidos é que eles aceitem aqueles que estão sofrendo como um encargo confiado a eles pelo Senhor. Aceitá-los não somente como campo de trabalho, mas como objetos de amoroso cuidado e interesse. Logo, a compaixão pelos que sofrem sem esperança tocará seu coração, e o clamor subirá com um fervor até então desconhecido por eles: Senhor! Envia trabalhadores.

Então a outra razão pela qual negligenciamos o mandamento se apresentará, a falta de fé, mas ela será superada conforme nossa compaixão suplicar por ajuda. Cremos muito pouco no poder da oração para produzir resultados positivos. Não vivemos perto o suficiente de Deus, e não estamos totalmente dedicados a Seu serviço e Reino, para ser capazes de confiar que ele responderá nossas orações. Oremos por uma vida tão unida com Cristo que Sua compaixão possa nos inundar, e Seu Espírito possa nos dar a certeza de que nossa oração foi ouvida.

Esse tipo de oração pedirá e obterá dupla bênção. Primeiramente haverá o desejo pelo aumento da quantidade de homens totalmente dedicados ao serviço de Deus. É uma vergonha terrível para a Igreja de Cristo haver épocas em que na verdade não se possa encontrar homens para o serviço do Mestre como ministros, missionários ou mestres da Palavra de Deus. À medida que os filhos de Deus fizerem disso um objeto de súplica em seus próprios círculos ou igrejas, a resposta virá. O Senhor Jesus é agora Senhor da seara. Ele foi exaltado para conceder dons – os dons do Espírito. Seus principais dons são homens cheios do Espírito. Mas o suprimento e distribuição desses dons dependem da cooperação da Cabeça com seus membros. A oração levará a essa cooperação; os crentes que suplicam serão instigados a encontrar homens e recursos para a obra.

A outra bênção a ser pedida não será menos importante. Todo crente é um trabalhador; todos os filhos de Deus foram redimidos para Seu serviço e têm trabalho à Sua espera. Deve ser nossa oração que o Senhor encha todo Seu povo com o espírito de devoção, que ninguém possa ser achado à toa em Sua vinha. Onde houver uma reclamação por falta de ajudadores, ou por ajudadores competentes na obra de Deus, a oração possui a promessa de suprimento. Não há Escola Dominical ou ponto de pregação, ou grupo de leitura da Bíblia ou trabalho de resgate que o Senhor não esteja disposto a suprir. Pode levar tempo e importunação, mas o mandamento de Cristo para pedir ao Senhor da seara é a garantia de que a oração será ouvida. "Digo-vos que lhe dará tudo o de que tiver necessidade."

Que pensamento solene e bendito! Esse poder foi-nos dado em oração para suprir as necessidades do mundo e garantir os servos para o trabalho de Deus. O Senhor da seara ouvirá. Cristo, que nos chamou de modo tão especial para orar assim, dará suporte a nossas orações oferecidas em Seu nome e interesse. Separemos tempo e nos entreguemos totalmente para realizar nossa parte no trabalho de intercessão. Ele nos introduzirá na comunhão de Seu coração compassivo que O levou a suplicar por nossas orações. O trabalho de intercessão nos dará a percepção de nossa posição de filhos do Rei, cuja vontade tem valor diante do grande Deus para o avanço de Seu Reino. Ele nos fará sentir que realmente somos cooperadores de Deus na Terra, a quem uma parcela de Sua obra foi verdadeiramente confiada. A intercessão nos fará participantes dos gemidos da alma, mas também da satisfação da alma de Jesus, à medida que aprendermos que, em resposta à nossa oração, a bênção foi dada e que de outra forma ela não viria.

"SENHOR, ensina-nos a orar."

Bendito Senhor! Mais uma vez Tu nos ensinaste uma de Tuas maravilhosas lições. Humildemente pedimos a ti, permite-nos ver claramente a realidade espiritual da qual Tu nos falaste. Há uma colheita tão grande que padece enquanto espera que discípulos sonolentos deem o sinal para que os trabalhadores venham. Senhor, ensina-nos a ver isso com um coração cheio de compaixão e piedade. Há tão poucos trabalhadores. Senhor, mostra-nos quão terrível pecado é a falta de oração e fé, considerando que há um Senhor da seara tão capaz e disposto a enviá-los. Senhor, mostra-nos como Ele realmente espera pela oração com a qual tem se comprometido em dar a resposta. E há os discípulos, a quem a comissão de orar foi dada. Senhor, mostra-nos como Tu podes derramar Teu Espírito e nos encher d'Ele, para que Tua compaixão e fé em Tua promessa os levante para praticar a oração incessante e que prevalece.

Ó nosso Senhor! Não podemos entender como Tu podes confiar-nos tal obra e dar tal poder a homens tão indolentes e infiéis. Agradecemos a Ti por todos aqueles que Tu estás ensinando a clamar dia e noite para que trabalhadores sejam enviados. Senhor, sopra do Teu próprio Espírito em Teus filhos, para que aprendam a viver somente para uma única coisa – para o Reino e a glória de seu Senhor – e que se tornem totalmente conscientes do que a fé de sua oração pode realizar. Que todo nosso coração, em toda petição, seja cheio da certeza de que a oração, oferecida com amor e fé no Deus vivo, obterá resposta certa e abundante. Amém.

Lição 10

"Que queres?"

A oração deve ser específica

*Perguntou-lhe Jesus: Que queres que
eu te faça?* – Marcos 10.51; Lucas 18.41

O homem cego gritava alto e repetidamente: "Filho de Davi, tem misericórdia de mim!". O clamor alcançou o ouvido do Senhor. Ele sabia o que o homem queria e estava pronto para lhe conceder isso. Mas antes que o fizesse, Ele lhe perguntou: "Que queres que eu te faça?". Ele queria ouvir de seus lábios, não somente o pedido geral por misericórdia, mas a expressão específica de qual era o seu desejo. Enquanto ele não expressasse isso, não seria curado.

Ainda hoje o Senhor faz a mesma pergunta a muitos que suplicam, e que não podem obter o que pedem até que ela seja respondida. Nossas orações não podem ser um apelo vago por Sua misericórdia, um clamor indefinido por bênçãos, mas uma declaração específica de uma necessidade definida. Não que Seu coração amoroso não entenda nosso clamor, ou não esteja pronto para ouvi-lo. Mas Ele deseja que seja assim para nosso próprio bem. Orações específicas nos ensinam a conhecer melhor nossas próprias necessidades. Elas exigem tempo, meditação e autoanálise para descobrir o que de fato é nossa maior necessidade. Elas nos sondam e nos colocam à prova para ver se nossos desejos são honestos e verdadeiros e se estamos preparados para perseverar. Levam-nos a julgar se nossos desejos estão de acordo com a Palavra de Deus e se realmente cremos que receberemos o que pedimos. Ajudam-nos a esperar pela resposta específica e a distingui-la quando ela acontecer.

Grande parte de nossa oração ainda é vaga e sem sentido. Alguns clamam por misericórdia, mas não se dão o trabalho de saber exatamente por que querem isso. Outros pedem para serem libertos do pecado, mas não nomeiam nenhum pecado do qual uma libertação pode ser reivindicada. Outros ainda oram pela bênção de Deus sobre aqueles ao seu redor – pelo derramamento do Espírito de Deus no seu país ou no mundo –, mas não especificam o lugar onde eles esperam ver a resposta. Para todos o Senhor diz: "O que você quer de fato e espera que Eu faça?". Todo cristão tem poderes, mas são limitados, e assim como ele deve ter seu próprio campo de trabalho específico onde atua, o mesmo acontece com suas orações. Cada crente possui seu próprio círculo, família, amigos e vizinhos. Se ele fosse escolher um ou mais desses por nome, perceberia que isso realmente o leva à escola de treinamento da fé e o leva a lidar de forma pessoal e precisa com seu Deus. É quando reivindicamos e recebemos pela fé as respostas nessas questões específicas que nossas orações mais gerais serão confiantes e eficazes.

Se enquanto oramos apenas despejamos um grande número de petições, sem tirar tempo para ver se cada petição é enviada com propósito e na expectativa de obter uma resposta, poucas alcançarão resultado. Mas se em silêncio de alma nos prostrarmos diante do Senhor, poderemos fazer os seguintes questionamentos: o que realmente desejo nesse momento? Desejo de fato isso em fé, esperando recebê-lo? Estou pronto agora para apresentar isso e deixar a petição no seio do Pai? Há um acordo entre mim e Deus de que devo obter uma resposta? Devemos aprender a orar de tal forma que Deus veja e nós saibamos o que de fato esperamos.

É por isso, entre outras coisas, que o Senhor nos alerta contra as vãs repetições dos gentios, que pensam que serão ouvidos por orarem muito. Nós muitas vezes ouvimos orações muito zelosas e fervorosas, em que um grande número de petições é feita, mas às quais o Salvador sem dúvida dirigiria a pergunta: "O que queres que eu te faça?". Se me encontro num país estrangeiro cuidando dos negócios de meu pai, eu certamente escreveria dois tipos de carta. Haveria cartas de família com expressões de afeto e haveria cartas de negócio contendo pedidos sobre minhas necessidades. E pode haver cartas em que as duas coisas estão presentes. As respostas serão de acordo com as cartas. Para cada sentença das cartas contendo notícias da família eu não espero uma resposta específica, mas para cada pedido que eu envio estou confiante em uma resposta dizendo que o artigo desejado foi despachado. Em nosso procedimento com Deus o elemento negócio deve estar presente. Junto com nossas expressões de necessidade de perdão de pecado, de amor, de fé e consagração deve haver expressões específicas do que pedimos e esperamos receber. É na resposta que o Pai ama nos dar o sinal de Sua aprovação e aceitação.

Mas a palavra do Mestre nos ensina mais. Ele não diz: "O que você deseja?", mas: "O que você quer?". É possível muitas vezes desejar algo sem querer isso. Eu desejo possuir determinado objeto, mas considero o preço muito alto. Então, decido não levar isso. Eu desejo, mas não quero de fato ter isso. O preguiçoso deseja ser rico, mas não quer isso. Muitos desejam ser salvos, mas perecem porque não querem de fato isso. A vontade governa todo o coração e a vida. Se eu realmente quero algo que está ao meu alcance, não descansarei até que o possua. Quando Jesus nos pergunta: "Que queres que eu te faça?", quer saber se é de fato nossa intenção obter o que pedimos a qualquer preço, sem importar o tamanho do sacrifício. Você realmente deseja tanto isso que, mesmo que demore muito, não vai se calar até que Ele lhe ouça? Quantas orações são desejos expressados por um curto período de tempo e depois esquecidos, ou enviados ano após ano como que por obrigação, enquanto nós ficamos satisfeitos com a oração sem a resposta.

Mas, pode surgir a pergunta, não seria melhor tornar nossos desejos conhecidos a Deus e depois deixá-lO decidir o que for melhor, sem ficar reivindicando de nossa vontade? De forma alguma! Essa é a própria essência da oração da fé, em que Jesus buscou treinar Seus discípulos não para que simplesmente tornassem conhecido seu desejo e depois deixassem a decisão com Deus. Isso seria a oração de submissão, em casos que não podemos saber a vontade de Deus. Mas a oração da fé, que conhece a vontade de Deus através de alguma promessa da Palavra, roga por ela até que venha. Em Mateus 9.28 vemos que Jesus disse ao cego: "Credes que eu posso fazer isso?". Em Marcos Ele diz: "Que queres que eu te faça?" (Marcos 10.51). Nas duas ocasiões Ele disse que a fé os salvara. E também disse para a mulher siro-fenícia: "Grande é a tua fé! Faça-se contigo como queres". Fé nada mais é do que a vontade com propósito descansando na Palavra de Deus e dizendo: "Eu tenho de ter isso". Crer verdadeiramente é querer com determinação.

Mas esse querer não é contrário à nossa dependência em Deus e à nossa submissão a Ele? De forma alguma; ao contrário, é a verdadeira submissão que honra a Deus. É somente quando o filho rende sua própria vontade em total entrega ao Pai que ele recebe do Pai a liberdade e poder para querer o que deveria. Mas, uma vez que o crente aceitou a vontade de Deus, conforme revelada pela Palavra e pelo Espírito, como sua vontade também, então é a vontade de Deus que Seu filho use essa vontade renovada no Seu serviço. A vontade é o poder mais alto na alma: a graça deseja acima de tudo santificar e restaurar essa vontade, uma das principais características da imagem de Deus, para que seja exercida completa e livremente. Ao filho que vive somente para os interesses do Pai, que busca não sua própria vontade, mas a do Pai, que está encarregado pelo pai de cuidar de seus negócios, para esse filho Deus fala com toda a verdade: "Que queres que eu te faça?".

É muitas vezes a lentidão espiritual, sob a aparência de humildade, que confessa não ter vontade alguma, porque teme o trabalho de buscar a vontade de Deus, ou, quando encontrada, teme a batalha para reivindicar isso em fé. A verdadeira humildade é sempre acompanhada de forte fé, que somente busca conhecer o que está de acordo com a vontade de Deus, e então reivindica com ousadia o cumprimento da promessa: "Pedireis o que quiserdes, e vos será feito".

"SENHOR, ensina-nos a orar."

Senhor Jesus! Ensina-me a orar com todo meu coração e força para que não haja nenhuma dúvida Contigo ou comigo sobre o que pedi. Que eu possa conhecer o que eu desejo tão bem, que, mesmo que minhas petições sejam conhecidas no céu, eu possa também torná-las conhecidas na Terra, e registrar cada resposta que eu obtiver. Que minha fé no que a Tua Palavra prometeu seja tão clara que o Espírito possa trabalhar em mim a liberdade para querer o que virá. Senhor! Renova, fortalece e santifica toda minha vontade para a obra da oração eficaz.

Bendito Salvador! Eu realmente busco a Ti para que me reveles a maravilhosa

graça que Tu mostraste a nós ao nos
pedir que digamos o que queremos que
Tu nos faças e ao prometer fazer tudo
que quisermos. Senhor, Filho de Deus!
Eu não posso compreender isso. Eu
posso apenas crer que Tu na verdade nos
redimiste totalmente para Ti mesmo e
procuras tornar a vontade, como nossa
parte mais nobre, Teu mais eficiente
servo. Senhor! Eu sem reservas rendo
minha vontade a Ti, como o poder pelo
qual Teu Espírito pode governar todo
meu ser. Que Ele tome posse de minha
vontade e a guie na verdade de Tuas
promessas, e a faça tão forte em oração
que eu possa sempre ouvir Tua voz
dizendo: "Grande é tua fé! Faça-se
contigo como queres". Amém.

Lição 11

"Crede que recebestes."

A fé que recebe

Por isso, vos digo que tudo quanto em oração pedirdes,
crede que recebestes, e será assim convosco.. – Marcos 11.24.

Que promessa! É tão grande, tão divina, que nosso coração tão pequeno não pode compreendê-la e busca de toda forma possível limitá-la ao que pensamos ser seguro ou provável, em vez de permitir que ela, com seu poder e energia vivificantes, tal como nos foi concedida, penetre em nós, para ampliar nosso coração para receber tudo que Seu amor e poder estão prontos para fazer por nós.

A fé está muito longe de ser uma simples convicção da verdade da Palavra de Deus ou uma conclusão a partir de certas promessas. É o ouvido que ouviu Deus dizer o que Ele fará e o olho que O viu fazendo isso. Portanto, onde há verdadeira fé é impossível que a resposta não venha. Se somente compreendermos a única coisa que Ele pede de nós enquanto oramos: "Crede que recebestes", Ele compreenderá e fará o que prometeu: "... e será assim convosco".

A essência da oração de Salomão (2 Cr 6.4) – "Bendito seja o Senhor, o Deus de Israel, que falou pessoalmente a Davi, meu pai, e pelo seu poder o cumpriu..." – é a essência de toda verdadeira oração. É a jubilosa adoração a um Deus cujas mãos sempre asseguram o cumprimento do que Sua boca falou. Que nesse espírito ouçamos a promessa que Jesus dá; cada parte dela tem uma mensagem divina.

"Tudo quanto." Assim que ouvimos isso nossa sabedoria humana começa a duvidar e dizer: "Isso certamente não pode ser verdade!". Mas se não é, por que o Mestre disse isso usando a expressão mais forte que ele podia achar: "Tudo quanto"? E se não é, por que usaria isso mais de uma vez? Não foi Ele que também disse: "Se podes! *Tudo* é possível ao que crê" (Mc 9.23); "Se tiverdes fé... *nada* vos será impossível" (Mc 17.20)?

Fé é a obra total e completa do Espírito de Deus pela Sua palavra no coração preparado do discípulo que crê, de modo que é impossível que o cumprimento não venha. Fé é o penhor e o sinal de que a resposta virá. Sim, "e tudo quanto pedirdes em oração, crendo, recebereis". A tendência da razão humana é interferir aqui com certas prerrogativas, tais como "se for possível", "se for da vontade de Deus", para quebrar a força de uma declaração aparentemente perigosa. Que tenhamos cuidado para não tratar assim as palavras do Mestre. Sua promessa é a mais pura verdade. Ele quer que a expressão tantas vezes repetida "*tudo*" penetre em nosso coração para nos revelar a força do poder da fé, como a Cabeça verdadeiramente chama os membros de Seu Corpo para compartilhar com Ele de Seu poder, como nosso Pai coloca Seu poder totalmente à disposição do filho que confia plenamente n'Ele. Através do "tudo" a fé recebe seu alimento e força. Se enfraquecemos nisso, enfraquecemos a fé. O *tudo quanto* é incondicional; a única condição é o que está implícito no crer. Antes de crer, temos de descobrir e saber qual é a vontade de Deus. Crer é o exercício de uma alma rendida e entregue à influência da Palavra e do Espírito. Uma vez que cremos, nada será impossível. Que Deus nos livre de tentar e levar Seu "*tudo*" ao nível do que achamos ser possível. Que simplesmente agora tomemos o "*tudo quanto*" de Cristo como a medida e a esperança de nossa fé. É a semente da palavra que, se a recebermos assim como Ele a dá, e a guardarmos no coração, irá germinar e criar raízes, enchendo nossa vida com sua plenitude e produzindo fruto em abundância.

"Tudo quanto em oração pedirdes." É pela oração que o "tudo" deve ser levado a Deus, pedido e recebido d'Ele. A fé que o recebe é fruto da oração. De um lado, tem de haver fé antes que haja oração. Por outro lado, a fé é o resultado e o desenvolvimento da oração. É na presença da pessoa do Salvador, em comunhão com Ele, que a fé cresce para alcançar o que a princípio parecia tão alto. É em oração que nós sustentamos nossos desejos à luz da Santa Vontade de Deus, para que nossos motivos sejam testados, e prova seja dada de que estamos de fato pedindo no nome de Jesus, e somente para glória de Deus. É em oração que esperamos pela liderança do Espírito para nos mostrar se estamos pedindo a coisa certa e no espírito certo. É em oração que nos tornamos conscientes da nossa falta de fé, que somos encorajados a dizer ao Pai que de fato cremos, e que provamos a realidade de nossa fé pela confiança com que perseveramos. É em oração que Jesus ensina e inspira fé. Aquele que espera para orar, ou perde o ânimo de orar porque ainda não sente fé suficiente para obter uma resposta, nunca aprenderá a crer. Aquele que começa a orar e a pedir descobrirá que o Espírito de fé certamente só é encontrado aos pés do trono.

"Crede que recebestes." É evidente que temos de crer que recebemos todas as coisas que pedimos. O Salvador não quer dizer que porque o Pai sabe o que é melhor talvez nos dê algo diferente. A própria montanha que a fé quer remover é lançada ao mar. Há um tipo de oração pela qual, em tudo, fazemos conhecido nosso pedido com oração e súplica, e a recompensa é a doce paz de Deus guardando nosso coração e mente. Essa é a oração de confiança. Refere-se às coisas que não podemos descobrir se Deus vai conceder ou não. Como filhos, fazemos conhecidos nossos desejos de inúmeras coisas da vida diária e deixamos com Ele a decisão de dar ou não segundo o que achar melhor. Mas a oração da fé a qual Jesus se refere é algo diferente e mais alto. Quando, se no interesse maior da obra do Mestre ou nas preocupações pequenas de nossa vida diária, a alma é levada a ver que nada honra mais o Pai do que a fé que tem certeza de que Ele fará o que disse ao nos dar tudo que pedirmos e se firma na promessa demonstrada pelo Espírito, tal fé pode ter certeza de que receberá exatamente o que pediu. Note como claramente o Senhor afirma isso em Marcos 11.23: "... se alguém... não duvidar no seu coração, mas crer que se fará o que diz, assim será com ele". Essa é a bênção da oração da fé a que Jesus se refere.

"Crede que recebestes." Essa é uma palavra de extrema importância que é muitas vezes mal entendida. Creia que recebeu, agora enquanto ora, aquilo que pediu. Talvez você tenha isso em sua experiência pessoal somente mais tarde, quando verá aquilo pelo qual creu. Mas agora, sem ver, você tem de crer que já lhe foi dado pelo Pai no céu. Receber ou aceitar uma resposta de oração é como receber ou aceitar Jesus ou Seu perdão, algo espiritual, um ato de fé sem considerar qualquer sentimento. Quando suplico por perdão, eu creio que Jesus está no céu intercedendo por mim e recebo o perdão. Quando suplico por qualquer dádiva especial, que esteja de acordo com a Palavra de Deus, creio que recebo o que peço: creio que tenho isso, eu me aposso disso pela fé. Eu agradeço a Deus pelo que é meu. " E, se sabemos que ele nos ouve quanto ao que lhe pedimos, estamos certos de que obtemos os pedidos que lhe temos feito."

"E será assim convosco." Isto é, a dádiva que a princípio recebemos em fé conforme concedida a nós no céu se tornará nossa em experiência pessoal. Mas será necessário orar mais tempo uma vez que sabemos que fomos ouvidos e recebemos o que pedimos? Há casos em que não será necessário, em que a bênção já está a caminho, se mantivermos nossa confiança e provar nossa fé louvando pelo que já recebemos, mesmo sem experimentar isso ainda. Mas há casos em que a fé precisa ser mais experimentada e fortalecida através da oração perseverante. Somente Deus conhece quando tudo em nós e ao nosso redor está totalmente preparado para a manifestação da bênção que foi dada à fé. Elias sabia com certeza que a chuva viria; Deus prometera isso; e mesmo assim teve de orar sete vezes. Essa oração não era apenas um espetáculo ou teatro. Era uma intensa realidade espiritual no seu coração, que prostrado rogava, e acima no céu, onde ela tinha seu trabalho eficaz para realizar. É pela fé e paciência que herdamos as promessas (Hb 6.12). A fé diz mais confiadamente: eu recebi. A paciência persevera em oração até que a dádiva concedida no céu é vista na Terra. "Crede que recebeste, e será assim convosco." O louvor e a oração confiantes são a ligação entre o receber no céu e o ter na Terra.

E agora, lembre-se de algo mais: foi Jesus quem disse isso. À medida que vemos os céus abertos para nós, e o Pai no Trono se oferecendo para nos dar seja o que for que pedirmos em fé, nosso coraçãos sente-se totalmente envergonhado por aproveitarmos tão pouco de nosso privilégio, e totalmente temeroso de que nossa débil fé não compreenda o que está de modo tão evidente ao nosso alcance. Existe uma coisa que deve nos fortalecer e nos deixar cheios de esperança: é que Jesus nos trouxe essa mensagem do Pai. Ele mesmo, quando estava na Terra, viveu a vida de fé e oração. Foi quando os discípulos expressaram sua surpresa a respeito do que fizera com a figueira que Ele lhes disse que a mesma vida que levava podia ser vivida por eles. Eles podiam ordenar não somente à figueira, mas à própria montanha, e seriam obedecidos. E Ele é nossa vida; tudo que Ele era na Terra é em nós agora. Tudo que Ele ensina de fato provê. Ele mesmo é o Autor e o Consumador de nossa fé. Ele dá o espírito de fé. Que não tenhamos medo de que tal fé não seja para nós. É para todo filho do Pai; está ao alcance de qualquer um que agir como filho, rendendo-se à vontade e amor do Pai e confiando na Palavra e poder do Pai. Querido irmão! Que o pensamento de que essa palavra é dada por Jesus, o Filho, nosso Irmão, nos encoraje, e que nossa resposta seja: sim, bendito Senhor, cremos de fato em Tua Palavra, cremos realmente que receberemos tudo o que pedimos.

"SENHOR, ensina-nos a orar."

Bendito Senhor! Tu vieste do Pai para nos mostrar todo Teu amor e todos os tesouros de bênçãos que o amor está esperando para nos conceder. Senhor! Tu tens hoje novamente escancarado os portões e nos dado abundantes promessas a respeito de nossa liberdade em oração, que devemos nos sentir envergonhados por nosso coração se apossar tão pouco disso. Parece simplesmente demais para crermos.

Senhor! Olhamos para Ti para que nos ensine a receber, a guardar e usar Tua preciosa palavra: "Tudo quanto em oração pedirdes, crede que recebestes". Bendito Jesus! É em Ti que nossa fé deve ter suas raízes se quiser crescer forte. Tua obra nos libertou completamente do poder do pecado e abriu o caminho ao Pai. Teu amor está sempre desejoso por nos introduzir na completa comunhão de Tua glória e poder. Teu Espírito está constantemente nos atraindo a uma perfeita vida de fé e confiança. Temos certeza de que através de Teu ensinamento aprenderemos a orar a oração da fé. Tu nos treinarás a orar para que creiamos que realmente recebemos o que pedimos. Senhor! Ensina-me, portanto, a conhecer-Te, confiar em Ti e a Te amar, de tal forma a viver e a permanecer em Ti, para que todas as minhas orações subam diante de Deus em Ti, e que minha alma tenha em Ti a certeza de que foi ouvida. Amém.

Lição 12

"Tende fé em Deus"

O segredo da oração da fé

Ao que Jesus lhes disse: Tende fé em Deus;
porque em verdade vos afirmo que, se alguém
disser ... e não duvidar no seu coração, mas crer que
se fará o que diz, assim será com ele. Por isso, vos
digo que tudo quanto em oração pedirdes, crede que
recebestes, e será assim convosco. – Marcos 11.22-24

A promessa de resposta à oração na qual se baseou o capítulo anterior é uma das mais maravilhosas lições de todas as Escrituras. Em muitos corações surge a pergunta: "Como adquirir a fé que sabe que recebe tudo que pede?".

É essa pergunta que nosso Senhor quer responder hoje. Antes de dar essa maravilhosa promessa a Seus discípulos, Cristo disse outra palavra que mostra a origem da fé na resposta à oração e onde encontra sua força. *Tende fé em Deus*: essa palavra precede a outra. Tenha fé na promessa de resposta à oração. O poder para crer numa promessa depende inteiramente, para não dizer somente, da fé naquele que faz a promessa. A confiança na pessoa gera confiança em sua palavra. É apenas quando vivemos unidos com Deus em comunhão pessoal e amorosa, quando o próprio Deus é tudo para nós, quando todo nosso ser está constantemente aberto e exposto para Sua poderosa influência, quando Sua presença santa é revelada, que será desenvolvida a capacidade para crer que Ele dá tudo que pedimos.

A ligação entre fé em Deus e fé em Sua promessa se tornará clara para nós se considerarmos o que a fé realmente é. É sempre comparada com a mão ou a boca, os membros que usamos para pegar e nos apropriamos do que nos é dado. Mas é importante que entendamos que fé também é o ouvido pelo qual ouvimos o que nos é prometido, e o olho pelo qual vemos o que nos é oferecido. É disso que depende o poder para receber. Tenho de ouvir a pessoa que me dá a promessa. O próprio tom de sua voz me dá a promessa. O tom de sua voz me dá coragem para crer. Eu tenho de vê-lo. Na luz de seu olhar e de seu semblante todos os temores sobre meu direito de receber são dissipados. O valor da promessa depende daquele que faz a promessa. É pelo conhecimento de quem é ele que a fé na promessa se baseia.

É por essa razão que Jesus diz, antes de dar esta maravilhosa promessa de oração: "Tende fé em Deus". Isto é, que os olhos se abram para o Deus vivo e se fixem n'Ele, vendo Aquele que é invisível. É pelo olhar que nos rendemos à influência daquilo que está diante de nós. Basta permitirmos que entre, exerça sua influência, deixe sua impressão em nossa mente. Portanto, crer em Deus é simplesmente olhar para Deus, ver quem Ele é, permitindo que Ele nos revele Sua presença, dando-Lhe tempo e entregando todo nosso ser a Ele para receber a completa revelação de quem Ele é como Deus, com a alma livre para receber e alegrar-se à sombra de Seu amor. Sim, a fé é o olho pelo qual Deus mostra quem Ele é e o que faz. Pela fé a luz da presença de Deus e as obras de Seu grande poder fluem de nossa alma. Visto que o que eu vejo vive em mim, então pela fé Deus vive em mim também.

A fé também é o ouvido pelo qual a voz de Deus é sempre ouvida e a comunhão com Ele é mantida. O Pai fala a nós pelo Espírito Santo. O Filho é a Palavra – a essência do que Deus diz – e o Espírito é a voz viva. É disso que o filho de Deus precisa para guiá-lo e dirigi-lo. A voz secreta do céu precisa ensiná-lo, como ensinou Jesus, o que dizer e o que fazer. Um ouvido aberto para Deus, isto é, um coração que crê esperando n'Ele para ouvir o que Ele diz, ouvirá Sua voz. As palavras de Deus não serão somente as palavras de um Livro, mas, quando procedem da boca de Deus, serão espírito e verdade, vida e poder. Elas produzirão obras e experiências de vida, não apenas meras ideias. Através do ouvido aberto a alma permanece sob a influência da vida e poder do próprio Deus. Assim como as palavras que ouço penetram a mente, habitam e trabalham lá, pela fé Deus penetra no coração, permanece e trabalha nele.

Quando a fé estiver sendo plenamente utilizada como olho e ouvido, como as faculdades da alma pelas quais vemos e ouvimos Deus, então será possível exercitar seu pleno poder como mão e boca, e assim nos apropriarmos de Deus e Suas bênçãos. O poder de recepção dependerá totalmente do poder de percepção espiritual. Por essa razão Jesus disse, antes que desse a promessa de que Deus responderia a oração da fé: "Tende fé em Deus". A fé é simplesmente uma entrega: eu me rendo às impressões que as informações que ouço provocam em mim. Pela fé eu me rendo ao Deus vivo. Sua glória e amor enchem meu coração e têm o domínio de minha vida. Fé é comunhão: eu me entrego à influência do amigo que faz uma promessa e me uno a ele por meio disso. É quando entramos nessa comunhão viva com o próprio Deus, por meio de uma fé que sempre O vê e O ouve, que se torna fácil e natural crer em Sua promessa sobre oração. Fé na promessa é o fruto de fé naquele que promete: a oração da fé tem sua raiz na vida de fé. E dessa forma a fé que ora com eficácia é de fato uma dádiva de Deus. Não como algo que Ele concede ou implanta de uma vez, mas com um significado muito mais profundo e verdadeiro, como uma bendita disposição ou hábito da alma que se desenvolve e cresce em nós através de uma vida de comunhão com Deus. Certamente, para aquele que conhece bem seu Pai e vive em comunhão íntima e constante com Ele, é simples crer na promessa de que Ele fará a vontade do filho que vive em união com Ele.

É porque muitos filhos de Deus não entendem essa ligação entre a vida de fé e a oração de fé que sua experiência de poder na oração é tão limitada. Quando desejam sinceramente obter uma resposta de Deus, eles concentram todo seu coração na promessa e tentam ao máximo agarrar a promessa em fé. Quando não conseguem, estão prontos para perder a esperança. A promessa é verdadeira, mas está além de seu poder de recebê-la em fé. Ouça a lição que Jesus nos ensina hoje: Tenha fé em Deus, no Deus vivo. Deixe que a fé olhe mais para Deus do que para a coisa prometida. É Seu amor, Seu poder e Sua presença viva que despertarão e aumentarão a fé.

Um médico diria para alguém indagando sobre uma maneira

de adquirir mais força em suas mãos e braços que toda sua constituição deve ser trabalhada e fortalecida. Portanto, a cura de uma fé débil se acha somente no fortalecimento de toda nossa vida espiritual por meio de comunhão com Deus. Aprenda a crer em Deus, a permanecer n'Ele e a deixar que Deus tome posse de sua vida, e tornar-se-á fácil se apegar à promessa. Quem conhece e confia em Deus descobre também que é fácil confiar na promessa.

Note como isso era tão evidente nos santos do passado. Cada demonstração específica do poder da fé era fruto de uma revelação especial de Deus. Veja isso em Abraão: "... veio a palavra do Senhor a Abrão, numa visão, e disse: Não temas, Abrão, eu sou o teu escudo... Então, conduziu-o até fora e disse... Ele creu no Senhor..." (Gn 15.1, 5-6). E mais tarde disse: "... apareceu-lhe o Senhor e disse-lhe: Eu sou o Deus Todo-Poderoso... Prostrou-se Abrão, rosto em terra, e Deus lhe falou: Quanto a mim, será contigo a minha aliança..." (Gn 17.1, 3-4). Foi a revelação do próprio Deus que deu à promessa seu poder vivo para entrar no coração e cultivar a fé. Porque eles conheciam Deus, esses homens de fé não podiam fazer nada a não ser confiar em Sua promessa. A promessa de Deus será para nós o que o próprio Deus é. É o homem que caminha diante de Deus e se prostra com o rosto em terra para ouvir o que o Deus vivo fala que de fato receberá a promessa. Embora tenhamos as promessas de Deus na Bíblia, com plena liberdade para recebê-las, falta-nos poder espiritual, a não ser que o próprio Deus as transmita para nós. E Ele fala com aqueles que caminham e vivem com Ele. Portanto, tenha fé em Deus. Que nossa fé seja toda olhos e ouvidos, a entrega que permite que Deus faça Sua marca e revele a Si mesmo totalmente na alma. Considere uma das principais bênçãos da oração o exercer fé em Deus, no Deus vivo e poderoso que espera para realizar em nós toda Sua boa e agradável vontade, e a obra de fé com poder. Veja-o como o Deus de amor, cujo deleite é nos abençoar e transmitir-nos Seu próprio ser. Em tal adoração de fé em Deus o poder para crer na promessa também será enviado rapidamente. "Tudo quanto em oração pedirdes, crede que recebestes." Sim, pela fé tome posse do próprio Deus; e a promessa se tornará sua também.

Que lição preciosa Jesus tem para nos ensinar hoje. Nós buscamos as dádivas de Deus: Deus quer *dar-Se* a nós primeiro. Pensamos na oração como o poder de trazer até nós boas dádivas do céu: Jesus vem como o meio de nos levar a Deus. Queremos permanecer na porta e clamar: Jesus deseja que primeiramente entremos e compreendamos que somos amigos e filhos. Que aceitemos o ensinamento. Que toda experiência da pequenez de nossa fé em oração nos incentive em primeiro lugar a ter e exercitar mais fé no Deus vivo, e nessa fé nos render a Ele. Um coração cheio de Deus tem poder para fazer a oração da fé. A fé em Deus gera fé na promessa, incluindo a promessa de resposta à oração.

Portanto, filho de Deus, gaste tempo, gaste tempo, para prostrar-se diante d'Ele, para esperar n'Ele para revelar-Se a Si mesmo. Separe tempo, e que sua alma, em santa adoração, exercite e expresse fé no Deus infinito, e enquanto Ele transmite a Si mesmo e toma posse de você, a oração da fé coroará sua fé em Deus.

"SENHOR, ensina-nos a orar."

Ó meu Deus! Eu creio de fato em Ti. Eu creio em Ti como o Pai, infinito em Teu amor e poder. E como o Filho, meu Redentor e minha Vida. E como o Espírito Santo, meu Consolador, meu Guia e minha Força. Deus Trino, eu tenho fé em Ti. Eu sei e tenho certeza de que cumprirás tudo que Tu és para mim e tudo que Tu prometeste .

Senhor Jesus! Aumenta minha fé! Ensina-me a separar tempo, a esperar e adorar a Presença santa até que minha fé absorva tudo que há em Deus para mim. Que ela O veja como a Fonte de toda Vida, operando Sua poderosa força para realizar Sua vontade no mundo e em mim. Que ela O veja em Seu amor ansiando para me encontrar e realizar meus desejos. Que tome posse de meu coração e vida até que Deus somente permaneça ali. Senhor Jesus, ajuda-me! Quero de todo meu coração crer em Deus. Que a cada momento eu fique cheio da fé em Deus.

Ó meu bendito Salvador! Como pode Tua Igreja glorificar-Te, como pode realizar a obra de intercessão para que Teu reino venha, a menos que toda nossa vida seja **de fé em Deus**. Bendito Senhor, fala tua Palavra "**tende fé em Deus**" no profundo de nossa alma. Amém.

Lição 13

"Oração e jejum."

A cura da incredulidade

*Então, os discípulos, aproximando-se de Jesus, perguntaram
em particular: Por que motivo não pudemos nós expulsá-lo?
E ele lhes respondeu: Por causa da pequenez da vossa fé. Pois em
verdade vos digo que, se tiverdes fé como um grão de
mostarda, direis a este monte: Passa daqui para acolá, e ele passará.
Nada vos será impossível. [Mas esta casta não se
expele senão por meio de oração e jejum]. – Mateus 17.19-21*

Quando os discípulos viram Jesus expulsar o espírito maligno do epilético, o qual "não puderam curá-lo", perguntaram
ao Mestre por que haviam falhado. Ele lhes concedera "poder e

autoridade sobre todos os demônios, e para efetuarem curas". Eles haviam muitas vezes exercido aquele poder, e jubilosos contaram-Lhe como os demônios se lhes submetiam. E eis que agora, enquanto Ele estava no Monte, eles tinham sem dúvida fracassado. Havia sido provado que não havia nada na vontade de Deus ou na natureza do caso que pudesse tornar impossível a libertação daquele homem. Bastou uma ordem de Jesus, e o espírito maligno se foi. A partir da pergunta deles – "Por que não pudemos?" – fica evidente que os discípulos queriam e tentaram fazer o mesmo. Eles provavelmente usaram o nome do Mestre e ordenaram ao espírito para que saísse. Seus esforços foram em vão, e, diante da multidão, foram envergonhados. "Por que não pudemos?"

A resposta de Cristo foi direta e clara: "Por causa da pequenez da vossa fé". O motivo do sucesso de Cristo e da falha dos discípulos não era porque Jesus tinha um poder especial ao qual os discípulos não tinham acesso. Não, não era esse o motivo. Ele tantas vezes os ensinara sobre a existência de um poder – o poder da fé – ao qual, tanto no reino das trevas como no reino de Deus, todos devem prostrar-se. No mundo espiritual o fracasso só tem uma causa: falta de fé. Fé é a única condição pela qual todo poder divino pode entrar no homem e operar por meio dele. É a suscetibilidade ao mundo invisível. A vontade do homem rendida e moldada pela vontade de Deus. O poder que haviam recebido para expulsar demônios não lhes pertencia como um dom ou posse permanente. O poder estava em Cristo, para ser recebido, guardado e usado somente pela fé, a fé viva n'Ele mesmo. Já que haviam sido cheios de fé n'Ele como Senhor e Vencedor no mundo espiritual, e já que haviam sido cheios de fé n'Ele e recebido autoridade para expulsar demônios em Seu nome, a fé lhes daria a vitória. "Por causa da pequenez da vossa fé" foi, para todas as épocas, a explicação e repreensão do Mestre para a impotência e fracasso da Sua Igreja.

Mas essa falta de fé também pode ter uma causa. Os discípulos poderiam ter indagado: "Por que não pudemos crer? Nossa fé expulsou demônios antes disso. Por que agora falhamos em crer?". O Mestre responde-lhes antes que fizessem a pergunta: "Mas esta casta não se expele senão por meio de oração e jejum". A fé é o mais simples, e também o mais sublime, exercício da vida espiritual, por meio do qual nosso espírito, em perfeita harmonia com o Espírito de Deus, se fortalece para exercer sua mais sublime atividade. A fé somente pode subsistir alimentando-se do que é divino, do próprio Deus.

É pela adoração reverente a Deus, esperando n'Ele e por Ele, com profundo silêncio de alma que se rende para que Deus Se revele, que a capacidade de conhecer e confiar na vontade de Deus será desenvolvida. É quando lemos Sua palavra no Bendito Livro, apresentando-a diante d'Ele, pedindo-Lhe que a vivifique para nós com Sua voz viva e amorosa, que Seu poder virá em plenitude para crermos nela e a recebermos como a palavra específica de Deus para nós. É pela oração, em contato vivo com Deus, que a fé, o poder para confiar em Deus (e por essa confiança aceitar tudo que Ele diz, aceitar cada possibilidade que Ele oferece para crescimento de nossa fé), se fortalecerá em nós. Muitos cristãos não conseguem entender o que significa orar muito. Não conseguem formular nenhum conceito nem sentem a necessidade de passar horas com Deus. Mas o que o Mestre diz, a experiência de Seu povo confirma: homens de muita fé são homens de muita oração.

Isso nos leva novamente à lição que aprendemos quando Jesus, antes de dizer para crermos que recebemos o que pedimos, disse: "Tende fé em Deus". É Deus, o Deus vivo, em quem nossa fé precisa ter raízes profundas e fortes. Então ela será grande para remover montanhas e expulsar demônios. "Se tiverdes fé, nada vos será impossível."

Ó, se nos entregássemos para fazer a obra que Deus tem para nós neste mundo, entrando em contato com as montanhas e os demônios que precisam ser lançados e expulsos, depressa compreenderíamos a necessidade que existe de muita fé, e de muita oração, como o único solo em que a fé pode ser cultivada.

Cristo Jesus é nossa vida, e também a vida de nossa fé. É Sua vida em nós que nos faz fortes e simples para crer. Muita oração significa morte do eu, em união íntima com Jesus, para que o espírito de fé venha com poder. A fé precisa de oração para seu pleno crescimento.

E oração precisa de jejum para seu pleno crescimento. Essa é a segunda lição. A oração é a mão que segura o invisível e o jejum é a mão que esquece e expulsa o visível. Nada deixa o homem mais intimamente ligado com o mundo dos sentidos do que sua necessidade de comida e seu prazer nisso. Foi com o fruto, agradável aos olhos, que o homem foi tentado no Paraíso. Foi com o pão que seria feito das pedras que Jesus, quando faminto, foi tentado no deserto. Foi pelo jejum que Ele obteve vitória. O corpo foi redimido para ser templo do Espírito Santo. É no corpo e no espírito, dizem as Escrituras de modo especial, que temos de glorificar a Deus. Temos de ter temor, pois existem muitos cristãos para quem esse comer para a glória de Deus ainda não se tornou uma realidade espiritual. E o primeiro pensamento sugerido pelas palavras de Jesus sobre jejum e oração é que somente através de uma vida de moderação e temperança e de autonegação é que o coração será fortalecido para orar muito.

Mas há também o sentido literal. Dor e ansiedade não podem comer. A alegria celebra suas festas com comida e bebida. Pode haver tempos de desejo intenso, quando se sente como o corpo, com seus apetites, mesmo que sejam legítimos, ainda atrapalha o espírito em sua batalha contra o poder das trevas, e sente-se a necessidade de subjugá-lo. Somos criaturas de sentidos. Nossa mente é ajudada pelo que vem a nós incorporado de forma concreta. O jejum ajuda a expressar, a aprofundar, a confirmar a resolução de que estamos prontos para sacrificar algo, sacrificar a nós mesmos, para obter o que buscamos para o reino de Deus. E Aquele que aceitou o jejum e o sacrifício do Filho sabe avaliar, aceitar e recompensar com poder espiritual a alma que também está pronta para render tudo para Cristo e para Seu reino.

E ainda há uma aplicação mais ampla. A oração é a busca de Deus e do invisível. Jejum é a libertação de tudo que é visível e transitório. Enquanto a maioria dos cristãos imagina que tudo que não é determinantemente proibido e pecaminoso é perfeitamente legítimo, e busca reter o que for possível deste mundo, suas propriedades, literatura, os prazeres, a alma verdadeiramente consagrada é como o soldado que leva somente o que é necessário para a batalha. Deixando de lado todo embaraço, e o pecado que tão de perto o rodeia, com medo de se envolver com os negócios dessa vida, ele busca viver uma vida de nazireu, como alguém especialmente separado para o Senhor e a Sua obra. Sem essa separação voluntária, mesmo das coisas que são lícitas, ninguém obterá poder na oração: esta casta não se expele senão por meio de oração e jejum.

Discípulos de Jesus, que pediram ao Mestre que os ensinasse a orar, venham agora e aceitem Seus ensinamentos! Ele nos diz que a oração é o caminho para a fé, a fé forte, que pode expulsar demônios. Ele nos diz: "Se tiverdes fé, nada vos será impossível".

Que essa gloriosa promessa o encoraje a orar muito. Não vale a pena pagar o preço pelo prêmio? Não abriremos mão de tudo para seguir Jesus no caminho que se abre para nós aqui? Não iremos, se necessário for, jejuar? Não faremos qualquer coisa para que nem nosso corpo nem o mundo ao redor nos impeçam de realizar a grande obra de nossa vida – tendo comunhão com Deus em oração – para que nos tornemos pessoas de fé, as quais Ele pode usar na Sua obra de salvar o mundo?

"SENHOR, ensina-nos a orar."

Ó Senhor Jesus! Quantas vezes Tu tens de nos repreender por nossa incredulidade? Como deve ser estranha para Ti a nossa terrível incapacidade de confiar em nosso Pai e em Suas promessas! Que Tua repreensão, "por causa da pequenez da vossa fé", cale profundamente em nosso coração e nos revele o quanto somos culpados pelo pecado e sofrimento ao nosso redor. E então ensina-nos, Bendito Senhor, que existe um lugar onde fé pode ser aprendida e obtida – em oração e jejum que nos leva a uma comunhão viva e eterna contigo e com o Pai.

Ó Salvador! Tu és o Autor e o Consumador da nossa fé. Ensina-nos o que significa deixar que Tu vivas em nós pelo Santo Espírito. Senhor! Nossos esforços e orações por graça para crer têm sido tão inúteis. E bem sabemos o motivo. Buscamos forças em nós mesmos e não em Ti. Santo Jesus! Finalmente, ensina-nos o mistério de Tua vida em nós e como Tu, pelo teu Espírito, nos ajuda a viver a vida de fé, dando-nos a garantia de que nossa fé não falhará. Ó, que nossa fé seja tão-somente parte dessa maravilhosa vida de oração que Tu dás àqueles que esperam Teu treinamento para o ministério da intercessão, não em palavra e pensamento somente, mas na Santa Unção que Tu dás, no batismo do Espírito de Tua própria vida. E ensina-nos como, em jejum e oração, podemos crescer na fé de que tudo é possível. Amém.

Nota

Na época em que Blumhardt passava por um terrível conflito com espíritos maus que se apossavam da vida de pessoas, e buscava expulsá-los pela oração, ele, muitas vezes, indagava o que impedia a resposta. Certo dia, um amigo, a quem contara seu problema, fez que prestasse atenção às palavras de nosso Senhor sobre jejum. Blumhardt decidiu que se entregaria à prática do jejum, algumas vezes por mais de trinta horas. A partir da reflexão e da experiência ele se convenceu de que o jejum é mais importante do que se pensa. Ele diz: "Já que diante de Deus o jejum é uma prova prática de que o que pedimos é um assunto de real e urgente interesse para nós, e já que ele fortalece, numa alta medida, a intensidade e o poder da oração, tornando-se uma expressão prática e incessante de uma oração sem palavras, eu pude crer que o jejum não seria ineficaz, especialmente porque as palavras do Mestre faziam referência a um caso semelhante ao que vivia no momento. Tentei essa prática sem contar nada para ninguém, e de fato o conflito anterior foi extraordinariamente esclarecido. Conseguia falar com muito maior tranquilidade e firmeza. Não exigia estar perto da pessoa doente; e senti que podia exercer influência, mesmo à distância".

Lição 14

"E, quando estiverdes orando… perdoai."

Oração e amor

*E, quando estiverdes orando, se tendes alguma
coisa contra alguém, perdoai, para que vosso Pai
celestial vos perdoe as vossas ofensas.* – Marcos 11.25.

Essas palavras vêm logo a seguir à grande promessa de oração: "Por isso, vos digo que tudo quanto em oração pedirdes, crede que recebestes, e será assim convosco" (Mc 11.24). Já vimos como as palavras que precedem a promessa, "tendes fé em Deus", nos ensinou que em oração tudo depende da transparência de nosso relacionamento com Deus. E agora essas palavras nos lembram que nossos relacionamentos com os homens também devem ser transparentes. O amor a Deus e o amor ao próximo são inseparáveis. A oração de um coração que, por um lado, não está correto com Deus e, por outro lado, com os homens não pode prevalecer.

Perceba que esse é um pensamento muitas vezes enfatizado por nosso Senhor. No Sermão da Montanha (Mateus 5.23-24), ao falar sobre o sexto mandamento, Ele ensinou como é impossível o Pai aceitar nossa adoração se tudo não estiver bem com o irmão. "Se, pois, ao trazeres ao altar a tua oferta, ali te lembrares de que teu irmão tem alguma coisa contra ti, deixa perante o altar a tua oferta, vai primeiro reconciliar-te com teu irmão; e, então, voltando, faze a tua oferta." E depois, ao falar sobre a oração a Deus, após nos ter ensinado a orar, "perdoa-nos as nossas dívidas, assim como nós temos perdoado aos nossos devedores", Cristo acrescentou no final da oração: "Porque, se perdoardes aos homens as suas ofensas, também vosso Pai celeste vos perdoará".

Perto de encerrar a parábola do servo incompassivo, Ele ensina algo bem prático com estas palavras: "Assim também meu Pai celeste vos fará, se do íntimo não perdoardes cada um a seu irmão" (Mt 18.35).

E agora aqui, perto da figueira que secou, quando fala sobre o maravilhoso poder da fé e da oração da fé, ao mesmo tempo, aparentemente sem lógica, Ele introduz o pensamento: "E, quando estiverdes orando, se tendes alguma coisa contra alguém, perdoai, para que vosso Pai celestial vos perdoe as vossas ofensas". É como se o Senhor tivesse aprendido durante Sua vida antes e depois de Nazaré que desobediência à lei de amar ao próximo era o grande pecado até daqueles que oram, e a grande causa da ineficácia de sua oração. É como se quisesse nos introduzir em Sua própria bendita experiência que nada proporciona tanta liberdade e tanto poder para crer como a consciência de que temos nos doado em amor e compaixão por aqueles a quem Deus ama.

A primeira lição ensinada aqui é de uma disposição para perdoar. Nós oramos: "Perdoa-nos as nossas dívidas, assim como nós temos perdoado aos nossos devedores". As Escrituras dizem: "Se perdoardes aos homens as suas ofensas, também vosso Pai celeste vos perdoará".

O perdão pleno e livre de Deus deve servir de modelo de nosso perdão para com os homens. Do contrário, nosso perdão relutante e indiferente, que é tudo menos perdão, servirá de modelo para Deus agir conosco. Toda oração depende de nossa fé na Sua graça para perdoar.

Se Deus tratasse segundo nossos pecados, nenhuma oração seria ouvida. O perdão é a porta aberta para todo amor e bênção de Deus. Porque Deus perdoou todos os nossos pecados, nossas orações podem prevalecer e obter tudo que precisamos. O fundamento seguro e profundo da resposta à oração é o amor perdoador de Deus. Quando isso toma posse do nosso coração, oramos em fé. Da mesma forma, quando isso toma posse do nosso coração , vivemos em amor.

A atitude perdoadora de Deus, revelada por meio de Seu amor por nós, torna-se nossa atitude. Visto que seu poder de amar e perdoar habita abundantemente em nós, também podemos perdoar como Ele perdoa. Se uma grande injúria ou injustiça nos acontece, procuremos em primeiro lugar tomar a mesma atitude de Deus. Que rejeitemos o sentimento de honra ferida, o desejo de exigir nossos direitos e a necessidade de vingar-nos de nosso ofensor.

Nos pequenos aborrecimentos da vida diária, temos de tomar cuidado para não justificar um temperamento explosivo, uma palavra dura ou um julgamento apressado com o pensamento de que não tivemos a intenção de ofender, ou que a raiva passou, ou ainda que é demais esperar que seres humanos tão frágeis como nós consigam de fato perdoar como Deus e Cristo perdoam.

Não, temos de encarar o mandamento literalmente: "Assim como o Senhor vos perdoou, assim também perdoai vós". O sangue que nos limpa da consciência de obras mortas nos limpa do egoísmo também; o amor revelado pelo Pai é um amor que perdoa, que toma posse de nós e flui de nós para outros. Nosso amor para perdoar os homens é a prova de que temos o amor perdoador de Deus em nós e também uma condição necessária para praticar a oração da fé.

A segunda lição é mais geral: nossa vida diária no mundo revela se temos ou não comunhão com Deus em oração.

Quantas vezes o cristão, durante seu tempo de oração, esforça-se ao máximo para cultivar certas disposições de espírito que pensa ser agradáveis. Ele não entende, ou esquece, que a vida não consiste de um monte de pedaços soltos que você escolhe à revelia se vai usar ou não. A vida é um todo, e o tempo devotado à oração é julgado por Deus à luz da vida diária da qual o tempo de oração é apenas uma pequena parte. Não são os sentimentos que evoco, mas o estilo de vida que pratico durante o dia, o critério usado por Deus para julgar o que de fato sou e desejo.

Meu relacionamento íntimo com Deus faz parte de meu relacionamento com os homens: o fracasso de um é o fracasso do outro. E isso não acontece somente quando há uma clara consciência de algo errado entre mim e meu vizinho! Mas a forma com que normalmente penso e julgo os fatos, os pensamentos não caridosos que deixo passar despercebidos, essas coisas podem dificultar minha oração. A oração eficaz de fé tem sua origem numa vida rendida à vontade e ao amor de Deus. Não é conforme o que tento ser quando estou orando, mas pelo que sou quando não estou orando, que minha oração é levada em consideração por Deus.

Todos esses pensamentos juntos podem nos levar a uma terceira lição: em nossa vida com os homens a única coisa que realmente importa é o amor. O espírito de perdão é o espírito de amor. Porque Deus é amor, Ele perdoa. É somente quando nós vivemos em amor que podemos perdoar como Deus perdoa. O amor pelos irmãos é a prova de que temos amor pelo Pai, é o fundamento de nossa confiança diante de Deus e a certeza de que nossa oração será ouvida (1 Jo 4.20; 3.18-21, 23). "… não amemos de palavra, nem de língua, mas de fato e de verdade. E… perante ele, tranquilizaremos o nosso coração… se o coração não nos acusar, temos confiança diante de Deus; e aquilo que pedimos dele recebemos."

Nem fé nem obra têm valor sem amor. O amor nos une a Deus; é o amor que prova a realidade da fé. Tão essencial quanto a palavra que precede a grande oração-promessa de Marcos 11.24, "Tende fé em Deus", é aquela que a segue: "Tende amor para com os homens". O relacionamento correto com o Deus vivo no céu e com os homens vivos ao meu redor é a condição para a oração eficaz.

Esse amor produz especial conseqüência quando lutamos e oramos em favor deles. Às vezes nos comprometemos a trabalhar por Cristo com zelo por Sua causa, como gostamos de dizer, ou por nossa própria saúde espiritual, sem nos dispormos a amar de forma pessoal e abnegada aqueles cujas almas nós buscamos salvar. Não é de admirar que nossa fé seja impotente e sem vitória! Ver cada miserável, por mais indigno que seja de ser amado, à luz do amor terno de Jesus, o Pastor que busca o perdido; ver Jesus nele e ajudá-lo, por amor a Jesus, com um coração que realmente ama. Esse é o segredo da oração da fé e do esforço bem-sucedido.

Jesus, ao falar sobre o perdão, fala de amor como sua raiz. Assim como no Sermão da Montanha Ele ligou Seu ensinamento e promessas sobre oração com o chamamento para ser misericordioso, como o Pai celestial o é (Mt 5.7, 9, 22, 38-48), novamente faz isso aqui. Uma vida de amor é a condição para a oração da fé.

Foi-nos dito: não há nada que nosso coração deva buscar com mais empenho do que a oração da fé, ou até mesmo verdadeiramente esforçar-se por orar com fé. Que façamos um autoexame e rejeitemos por completo a ideia de que Deus não ouve nossa oração por razões somente conhecidas por Ele. De forma alguma. "… pedis e não recebeis, porque pedis mal, para esbanjardes em vossos prazeres" (Tg 4.3). Que a Palavra de Deus venha sondar-nos. Que possamos indagar se nossas orações são de fato a expressão de uma vida totalmente dedicada à vontade de Deus e ao amor pelo próximo. O amor é o único solo em que a fé pode criar raízes e prosperar. À medida que erguemos nossos braços e abrimos nosso coração aos céus, o Pai sempre olha para ver se nossos braços e coração também estão abertos para os miseráveis e indignos.

Neste amor, não num amor que já tenha obtido perfeição, mas no amor com propósito firme e sincera obediência, a fé pode obter a bênção. É aquele que se dispõe a deixar que o amor de Deus habite nele, e a praticar diariamente a vida de amar como Deus ama, que terá o poder para crer no amor que ouve cada uma de suas orações. É o Cordeiro, que está no meio do trono: é o amor sofredor e paciente que prevalece com Deus em oração. O misericordioso obterá misericórdia; o manso herdará a terra.

"SENHOR, ensina-nos a orar."

Bendito Pai! Tu és amor, e somente aquele que permanece no amor permanece em Ti e em comunhão Contigo. Teu bendito Filho me ensinou hoje mais uma vez quão profunda é a verdade da minha comunhão contigo em oração. Ó meu Deus! Que Teu amor, derramado abundantemente em meu coração, seja uma fonte de amor para todos ao meu redor, que a partir de uma vida de amor surja o poder da oração da fé. Ó meu Pai! Conceda-me pelo Espírito Santo que essa seja a minha experiência, que uma vida em amor para todos ao meu redor seja a porta para uma vida no amor de meu Deus. E permite-me especialmente que encontre na alegria com que eu perdoo dia após dia todo e qualquer que me ofende a prova de que Teu perdão para mim é poder e vida.

Senhor Jesus! Meu Bendito Professor! Ensina-me a perdoar e a amar. Que o poder de Teu sangue torne o perdão de meus pecados tão real, que perdão, como demonstrado a mim por Ti, e por mim a outros, possa ser a essência da alegria do céu. Mostra-me se há algo na minha comunhão com meus semelhantes que possa dificultar minha comunhão com Deus, para que minha vida diária em minha própria casa e na sociedade seja a escola pela qual força e confiança se unem em prol da oração da fé. Amém.

Lição 15

"Se dois concordarem."

O poder da oração em unidade

*Em verdade também vos digo que, se dois dentre
vós, sobre a terra, concordarem a respeito de qualquer
coisa que, porventura pedirem, ser-lhes-á concedida por meu
Pai, que está nos céus. Porque, onde estiverem dois ou três reunidos
em meu nome, aí estou no meio deles. – Mateus 18.19-20*

Uma das primeiras lições de nosso Senhor em sua escola de oração foi: não ser visto pelos homens. Entre no seu quarto secreto; fique sozinho com o Pai. Depois de nos ensinar que o significado da oração é contato pessoal e individual com Deus, Ele nos traz uma segunda lição: você não precisa somente de um lugar secreto, mas também de oração pública junto com outros irmãos. E Ele nos dá uma promessa muito especial para a oração de dois ou três que concordam acerca do que pedem. Como uma árvore tem sua raiz escondida na terra e seu tronco crescendo à luz solar, o mesmo se dá com a oração para seu pleno desenvolvimento: ela precisa do lugar secreto onde a alma tem seu encontro a sós com Deus e da comunhão pública com aqueles que descobrem no nome de Jesus seu lugar de encontro comum.

A razão por que isso deve ser assim é evidente. O vínculo que une um homem com seu semelhante não é menos real e íntimo do que aquele que o une a Deus. Ele é um com eles. A graça renova não somente nosso relacionamento com Deus, mas com os homens também. Não apenas aprendemos a dizer "meu Pai", mas também "nosso Pai". Nada pareceria mais estranho do que filhos de uma família que somente encontrassem o pai separadamente, mas nunca se reunissem para expressar seus desejos ou seu amor. Os cristãos não são apenas membros de uma família, mas de um corpo. Assim como cada membro do corpo depende um do outro, e a ação completa do espírito que habita no corpo depende da união e cooperação de todos, assim os cristãos não podem gozar a bênção completa de Deus, preparada para ser transmitida por seu Espírito, a menos que a busquem e a recebam por meio da comunhão uns com os outros. É pela união e comunhão dos crentes que o Espírito pode manifestar Seu pleno poder. Foi para os cento e vinte reunidos juntos em um lugar, e orando em concordância, que o Espírito desceu do trono do glorificado Senhor.

As características da verdadeira oração coletiva nos são dadas nessas palavras de nosso Senhor. A primeira é a concordância sobre o que foi pedido. Não basta um consentimento geral para haver concordância sobre algo pedido. Tem de haver algo especial, um assunto expressado de forma clara e unida. A concordância tem de ser, em toda oração, em espírito e em verdade. Tal concordância deixará bem claro para nós o que exatamente estamos pedindo, se estamos de fato pedindo de acordo com a vontade de Deus e se estamos preparados para crer que temos recebido o que pedimos.

A segunda característica é o ajuntamento no nome de Jesus. Mais tarde ainda teremos muito que aprender sobre a necessidade e o poder do Nome de Jesus na oração. Aqui o Senhor nos ensina que o Nome tem de ser o centro de união pelo qual os crentes se reúnem, o laço de união que os torna um, assim como um lar contém e une todos os que vivem nele. "Torre forte é o nome do Senhor, à qual o justo se acolhe e está seguro." O nome é tão real para aqueles que o compreendem e nele creem, que reunir nesse nome é ter o próprio Jesus presente. O amor e a união de Seus discípulos atraem Jesus de forma infinita e irresistível. "Porque, onde estiverem dois ou três reunidos em meu nome, ali estou no meio deles." É a presença viva de Jesus, pela comunhão de Seus discípulos que amam e oram, que traz poder à oração em que há concordância.

A terceira característica é a certeza da resposta: "Ser-lhes-á concedida por meu Pai". Uma reunião de oração para manter a comunhão espiritual, ou para buscar a própria edificação dos crentes, pode ter sua utilidade. Mas não era este o propósito da recomendação do Salvador. Seu desejo era que ela fosse um meio de obter resposta segura e específica à oração. Uma reunião de oração sem resposta reconhecida à oração deve ser uma anomalia. Quando algum de nós tem desejos específicos a respeito dos quais nos sentimos fracos para exercer a fé necessária, devemos buscar força na ajuda de outros. Na unidade da fé, do amor e do Espírito, o poder do nome e a presença de Jesus agem mais livremente, e a resposta com certeza vem. A característica de que houve oração verdadeiramente em unidade é o fruto, a resposta, é receber aquilo que foi pedido: "Em verdade também vos digo, ser-lhes-á concedida por meu Pai, que está nos céus".

Que privilégio inefável é o da oração em unidade, e que poder ela pode ter. Se o esposo e a esposa cristãos soubessem que eles estão unidos no nome de Jesus para experimentar Sua presença e poder na oração em unidade (1 Pe 3.7), se amigos cressem que dois ou três orando em concordância poderiam dar uma ajuda poderosa um ao outro, se em toda reunião de oração o estar juntos no Nome, a fé na presença e a expectativa da resposta fossem o pano de fundo, se em cada igreja a oração em unidade e eficaz fosse considerada um dos principais propósitos pelos quais os crentes se reúnem, como um dos exercícios mais sublimes de seu poder como Igreja, se na Igreja universal a vinda do reino, a vinda do próprio Rei, primeiramente no poderoso derramamento de Seu Espírito Santo, depois em Sua gloriosa pessoa, fossem realmente assunto de clamor unido e incessante a Deus – quem pode dizer que poder bendito viria para e através daqueles que dessa forma concordaram em provar Deus no cumprimento de Sua promessa!

O apóstolo Paulo nos mostra de forma bem clara como era real a sua fé no poder da oração em unidade. Para os romanos ele escreve (15.30): "Rogo-vos, pois, irmãos, por nosso Senhor Jesus Cristo e também pelo amor do Espírito, que luteis juntamente comigo nas orações a Deus a meu favor...". Ele esperava, como resposta, ser libertado dos inimigos e ser próspero em seu trabalho. Aos coríntios ele escreve (2 Co 1.11): "... ajudando-nos também vós, com as vossas orações a nosso favor, para que, por muitos, sejam dadas graças a nosso respeito...". A oração deles teria uma parcela real em sua libertação. Aos efésios ele escreve: "… com toda oração e súplica, orando em todo tempo no Espírito e para isto vigiando com toda perseverança e súplica por todos os santos e também por mim; para que me seja dada, no abrir de minha boca, a palavra…". (6.18-19). Seu poder e sucesso no ministério fizeram-no depender da oração dos irmãos. Em relação aos filipenses (1.19) ele esperava que suas tribulações resultassem na salvação deles e no progresso do evangelho "pela vossa súplica e pela provisão do Espírito de Jesus". Aos colossenses (4.3) ele acrescenta uma exortação para continuarem firmes na oração: "Suplicai, ao mesmo tempo, também por nós, para que Deus nos abra porta à palavra…". E aos tessalonicenses (2 Ts 3.1) ele escreveu: "Finalmente, irmãos, orai por nós, para que a palavra do Senhor se propague e seja glorificada, como também está acontecendo entre vós; e para que sejamos livres dos homens perversos e maus; porque a fé não é de todos". Fica evidente em todas essas passagens que Paulo se sentia membro de um corpo, dependente de sua simpatia e cooperação, e que ele contava com as orações dessas igrejas para que obtivesse o que provavelmente não conseguiria sozinho. As orações da igreja eram para ele um fator tão real na obra do reino como o poder de Deus.

Que poder uma igreja poderia desenvolver e exercer se entregasse a si mesma ao trabalho de oração dia e noite pela vinda do reino, pelo poder de Deus sobre seus servos e Sua palavra, pela glória de Deus na salvação das almas? A maioria das igrejas pensa que seus membros se reúnem como um só simplesmente para cuidar um do outro e para edificar um ao outro. Elas não entendem que Deus governa o mundo pelas orações de Seus santos, que a oração é o poder pelo qual Satanás é derrotado, que pela oração a Igreja tem ao seu dispor os poderes do mundo celestial. Não se lembram que Jesus tem, por Sua promessa, consagrado cada ajuntamento em Seu nome para ser uma porta do céu, onde Sua presença seja sentida e Seu poder experimentado através do cumprimento de seus desejos pelo Pai.

Não podemos ser gratos o suficiente a Deus pela semana abençoada de oração conjunta que a cristandade de nossos dias realiza todo ano. Como prova de nossa unidade e fé no poder da oração conjunta, como uma escola de treinamento para a expansão de nosso coração para acolher todas as necessidades da Igreja universal, como uma ajuda para oração unida e perseverante, em tudo isso seu valor é inestimável. Porém muito especialmente como um estímulo para o prosseguimento de oração conjunta em grupos menores tem sido uma grande bênção. E tornar-se-á ainda maior se o povo de Deus reconhecer o que significa, todos reunidos em unidade em nome de Jesus, para ter Sua presença no meio de um corpo unido no Espírito Santo, e que reivindica com ousadia a promessa de que o Pai fará o que eles, de comum acordo, pedirem.

"SENHOR, ensina-nos a orar."

Bendito Senhor! Aquele que em sua sublime oração sacerdotal pede tão fervorosamente pela unidade de Teu povo nos ensina como Tu nos convida e nos exorta a essa unidade por Tua preciosa promessa dada à oração em unidade. É quando somos um em amor e em propósito que nossa fé tem Tua presença e a resposta do Pai.

Ó Pai! Oramos por Teu povo e por cada pequeno grupo de oração que se reúne junto, para que sejam um. Remove, nós oramos, todo egoísmo e interesse próprio, toda estreiteza de coração e estranheza

que vierem a impedir a unidade. Expulsa
o espírito do mundo e a carnalidade
pelos quais Tua promessa perde toda sua
força. Que o pensamento de Tua
presença e o favor do Pai nos unam mais
uns aos outros.

Garante especialmente, bendito Senhor,
que Tua Igreja possa crer que é pelo
poder da unidade em oração que ela pode
ligar e desligar no céu, que Satanás pode
ser expulso, que almas podem ser salvas,
que montanhas podem ser removidas,
que a vinda do reino pode ser apressada.
E garanta, bom Senhor, que no grupo
em que oro, a oração da Igreja possa de
fato ser o poder pelo qual Teu nome e
Tua Palavra sejam glorificados.

Lição 16

"Depressa, embora pareça demorado."

O poder da oração perseverante

Disse-lhes Jesus uma parábola sobre o dever de orar sempre e nunca esmorecer ... Então, disse o Senhor: Considerai no que diz este juiz iníquo. Não fará Deus justiça aos seus escolhidos, que a ele clamam dia e noite, embora pareça demorado em defendê-los? Digo-vos que, depressa, lhes fará justiça. – Lucas 18.1, 6-8

De todos os mistérios do mundo da oração, a necessidade de oração perseverante é um dos maiores. Que o Senhor, tão amoroso e ansioso por abençoar, tenha de ser invocado, vez após vez, às vezes ano após ano, antes que obtenhamos a resposta, é algo que não conseguimos facilmente entender. É também uma das maiores dificuldades práticas no exercício da oração da fé. Quando, após súplica perseverante, nossa oração permanece sem resposta, é muitas vezes mais fácil para nossa carne preguiçosa (além de ter toda uma aparência de submissão piedosa) pensar que temos agora de parar de orar, porque talvez Deus tenha um motivo secreto para não responder ao nosso pedido.

É somente pela fé que a dificuldade é superada. Uma vez que a fé esteja alicerçada na Palavra de Deus, e no nome de Jesus, e se renda à liderança do Espírito para buscar somente a vontade e a honra de Deus, a oração não precisa ficar desencorajada por causa de atraso. Ela sabe pela Escritura que o poder da oração da fé é simplesmente irresistível. A fé verdadeira nunca pode ser desapontada. Sabe que assim como a água exerce o poder irresistível que tem, sendo represada e acumulada até que a corrente possa descer com força total, muitas vezes deve haver um acúmulo de oração até que Deus veja que a medida está cheia, e então a resposta vem. Sabe que assim como o lavrador tem de dar milhares de passos e semear milhares de sementes, e que cada passo e cada semente fazem parte da preparação para a colheita final, da mesma forma existe a necessidade de praticar oração perseverante vez após vez, fazendo com que tudo coopere para obter a bênção desejada.

A fé sabe, com certeza, que nem uma oração de fé pode falhar em alcançar os céus, mas exerce sua influência, sendo guardada como um tesouro para obter a resposta no tempo certo para aquele que persevera até o fim. Ela sabe que não tem nada a ver com pensamentos ou possibilidades humanas, mas com a palavra do Deus vivo. Portanto, como Abraão, no transcorrer de muitos anos, "esperou contra a esperança", e depois "pela fé e paciência herdou a promessa", é preciso considerar que a longanimidade do Senhor é nossa salvação, esperando e apressando a vinda do Senhor para cumprir Sua promessa.

Para nos capacitar, quando a resposta à nossa oração não vem imediatamente, a combinar paciência tranquila e confiança jubilosa em nossa oração perseverante, temos de tentar entender especialmente as duas palavras pelas quais o Senhor descreve o caráter e a conduta, não do juiz injusto, mas de nosso Deus e Pai, para com aqueles que Ele permite que Lhe clamem dia e noite: "… embora pareça demorado ... depressa, lhes fará justiça".

Ele depressa lhes fará justiça, o Mestre diz. A bênção já está pronta. Ele não somente deseja, mas anseia muito por lhes dar o que pedem; o amor eterno queima com o desejo ardente por revelar a si mesmo totalmente para seus amados e satisfazer suas necessidades. Deus não se atrasará nem um minuto a mais do que for absolutamente necessário. Ele fará tudo que estiver em Seu poder para apressar e enviar a resposta.

Mas por que, se isso é verdade e Seu poder é infinito, muitas vezes a resposta à oração demora tanto? E por que tantas vezes têm os próprios eleitos de Deus, em meio a sofrimento e conflito, de clamar dia e noite? `Ele é longânimo para com eles.` "Eis que o lavrador aguarda com paciência o precioso fruto da terra, até receber as primeiras e as últimas chuvas." O lavrador anseia muito pela colheita, mas sabe que tem de haver o ciclo completo de sol e chuva, e por isso espera com grande paciência. Uma criança muitas vezes quer pegar a fruta meio madura; o lavrador sabe esperar até o tempo apropriado. O homem, com sua natureza espiritual, também está sob a lei de crescimento progressivo que reina sobre toda criação. É somente trilhando o caminho do desenvolvimento que ele pode alcançar seu destino divino. E é o Pai, em cujas mãos estão as épocas e estações, que sabe o momento em que a alma ou a Igreja tem amadurecido e alcançado a plenitude de fé para poder realmente receber e guardar a bênção.

Como um pai que anseia pelo retorno de seu único filho da escola, e por isso espera pacientemente até que o tempo de treinamento se complete, assim Deus age com Seus filhos: embora pareça demorado, depressa responderá.

O entendimento desta verdade leva o crente a cultivar as seguintes atitudes: paciência e fé, espera e diligência, que são o segredo de sua perseverança. Pela fé na promessa de Deus, sabemos que temos recebido aquilo que Lhe pedimos. A fé recebe e se firma na resposta da promessa, como uma posse espiritual invisível, regozijando-se nela e rendendo louvores por isso. Mas há uma diferença entre a fé que se firma na palavra e sabe que tem a resposta e a fé mais clara, mais plena, mais madura que obtém a promessa como uma experiência presente. É pela perseverança, não duvidando, e pela oração confiante e cheia de júbilo que a alma cresce e alcança plena união com seu Senhor para assim obter n'Ele a posse da bênção. Pode haver no meio de nós, pode haver no meio do grande sistema do qual fazemos parte, pode haver no governo de Deus coisas que precisam ser corrigidas por meio de nossas orações, para que a resposta venha de modo pleno. A fé que creu, de acordo com o mandamento, que tem recebido a resposta, permite que Deus faça tudo a Seu tempo. Ela sabe que já prevaleceu. Numa perseverança tranquila, constante e determinada, ela continua em oração e em gratidão até que a bênção chegue. E assim vemos a combinação daquilo que à primeira vista parecia tão contraditório; a fé que se regozija na resposta do Deus invisível como uma posse presente, e a paciência que clama dia e noite até que a resposta seja manifestada. A rapidez da longanimidade de Deus é encontrada pela triunfante mas paciente fé do filho que espera.

O grande perigo nessa escola da resposta demorada é a tentação de pensar que, depois de tanto tempo, talvez não seja a vontade de Deus dar o que Lhe pedimos. Se nossa oração estiver de acordo com a Palavra de Deus, e sob a direção do Espírito, não devemos dar lugar a esses temores. Que aprendamos a dar tempo a Deus. Deus precisa de tempo para trabalhar em nós. Se tão-somente dermos tempo a Ele, isto é, tempo em comunhão diária com Ele mesmo, para que Ele exerça a plena influência de Sua presença em nós, e tempo dia após dia, a fim de que nosso ser aprenda a esperar, para que a fé seja provada e encha todo nosso ser, Ele mesmo nos levará da fé para a realidade. Nós veremos a glória de Deus.

Não deixe que a demora abale sua fé. Não se colhe um fruto de um dia para outro. Cada oração de fé nos leva a um passo mais perto da vitória final. Cada oração de fé ajuda a amadurecer o fruto; faz crescer a medida de oração e fé conhecida somente por Deus; derruba a oposição no mundo invisível; apressa a resposta. Filho de Deus, dê tempo ao Pai! Ele é longânimo com você. Ele quer que a bênção seja rica, plena e certa; dê-Lhe tempo, enquanto clama a Ele dia e noite. Apenas lembre-se da palavra: "Digo-vos que, depressa, lhes fará justiça".

A bênção da oração perseverante é indizível. Não há nada que o coração busque mais do que a oração da fé. Ela lhe ensina a descobrir e confessar a vitória, a abrir mão de tudo que impede a chegada da bênção; tudo que não esteja de acordo com a vontade do Pai. Leva para a comunhão mais íntima com o único que pode ensinar a orar. Leva para uma entrega mais completa que nos atrai a estar somente debaixo da cobertura do sangue e do Espírito. Ela nos chama a uma permanência mais íntima e mais simples somente em Cristo. Cristão, dê tempo a Deus! Ele aperfeiçoará aquilo que o preocupa. "Longanimidade – rapidez", essa é o lema de Deus à medida que você entra pelos portões da oração: que seja também o seu.

Que sejamos assim, orando por nós mesmos ou por outros. Todo trabalho, corporal ou mental, precisa de tempo e esforço. Temos de nos render a isso. A natureza revela seus segredos e abre seus tesouros somente para o trabalhador diligente e devotado.

E que aprendamos a lição especialmente quando oramos pela Igreja de Cristo. Ela é na verdade como a viúva pobre na ausência de seu Senhor, aparentemente à mercê de seu adversário, sem ninguém para defender sua causa. Vamos orar por Sua Igreja, ou por alguma parte dela sob o poder do mundo, pedindo-Lhe que a visite com a operação poderosa de Seu Espírito e para prepará-la para Sua vinda; vamos orar com confiante fé: a oração funciona; orar sempre sem desfalecer trará a resposta. Basta dar tempo a Deus. E depois permanecer clamando dia e noite. "Considerai no que diz este juiz iníquo. Não fará Deus justiça aos seus escolhidos, que a ele clamam dia e noite, embora pareça demorado em defendê-los? Digo-vos que, depressa, lhes fará justiça."

"SENHOR, ensina-nos a orar."

Ó Senhor meu Deus! Ensina-me agora a conhecer Teu caminho, e em fé assimilar o que Teu amado Filho ensinou: "Depressa, lhes fará justiça". Que Teu terno amor e o deleite que Tu tens em ouvir e abençoar Teus filhos me conduzam a aceitar prontamente Tua promessa de que recebemos aquilo que cremos, que temos o que pedimos e que a resposta se tornará realidade no tempo certo. Senhor! Nós entendemos os ciclos da natureza e sabemos como esperar com paciência pelo fruto que aguardamos. Encha-nos com a certeza de que Tu não tardarás nem um minuto a mais que o necessário, e que a fé apressará a resposta.

Bendito Mestre! Tu disseste que é característica dos eleitos de Deus clamar dia e noite. Ensina-nos a entender isso. Tu sabes quão rapidamente desfalecemos e fraquejamos. É como se a Majestade

Divina estivesse tão distante da necessidade ou não ouvisse a súplica constante, que pensamos não valer a pena nossa importunação. Ó Senhor! Ensina-me de fato quão real é a obra da oração. Eu sei que aqui na Terra, quando eu falhar com minha responsabilidade, eu posso sempre obter vitória através de renovado e continuado esforço, dedicando mais tempo e mais espaço para a oração. Mostra-me como, através de dedicar-me mais inteiramente à oração, vivendo em oração, eu obterei minha petição. Acima de tudo, ó meu Bendito Professor!, Autor e Consumador da fé, que por Tua graça toda minha vida seja uma vida de fé no Filho de Deus, que me amou e se entregou por mim – em quem minha oração é aceita, em quem tenho a certeza da resposta, em quem a resposta será minha. Senhor Jesus! É nessa fé que orarei sempre e não desfalecerei. Amém.

Nota

A necessidade de oração perseverante parece contradizer a fé que sabe que recebeu o que pediu (Mc 11.24). Um dos mistérios da vida divina é a harmonia entre repentina e completa possessão e a lenta e imperfeita apropriação. E neste ponto a oração perseverante parecer ser a escola em que a alma é fortalecida para obter ousadia em sua fé. E com a diversidade de operações do Espírito, para algumas pessoas a fé pode tomar a forma de espera persistente, enquanto para outros triunfantes ações de graças parecem ser a única expressão apropriada da certeza de terem sido atendidos.

De uma forma bem marcante, a necessidade de oração perseverante e o aumento cada vez maior da convicção de ter obtido a resposta são ilustrados na vida de Blumhardt. Grande número de reclamações foi feito contra ele alegando que negligenciava seu trabalho como ministro do evangelho para dedicar-se à cura dos doentes; e principalmente a cura sem autorização de doentes de outras congregações. Em sua defesa, ele escreve:

"Eu simplesmente me propus a fazer o que alguém com responsabilidade pelas almas faz e a orar de acordo com o mandamento do Senhor em Tiago 1.6-7. De forma alguma procurei confiar em meu próprio poder ou imaginei que tivesse qualquer dom que outros não possuíssem. A verdade é que busquei trabalhar como um ministro do evangelho que tem o direito de orar. Mas logo

descobri que as portas do céu não estavam totalmente abertas para mim. Muitas vezes minha vontade era retirar-me em desespero. Mas a visão dos
doentes, que não conseguiam achar ajuda em nenhum outro lugar, não me deixava em paz. Eu
pensei na palavra do Senhor: 'Pedi, e dar-se-vos-
á' (Lc 11.9-10). E mais, pensei que se a Igreja e
seus ministros, por causa de incredulidade, preguiça e desobediência, haviam perdido o poder necessário para vencer Satanás, era para tempos de
pobreza e fome como esses que o Senhor falara a
parábola do amigo inoportuno e seus três pães.
Por isso, não me senti digno de à meia-noite, em
um tempo de grande escuridão, aparecer diante de
Deus como Seu amigo e pedir pela necessidade de
um membro de minha congregação. E deixá-lo
sem cuidado, eu também não podia. Sendo assim,
continuei batendo como a parábola ensina, ou
como alguns têm dito, com grande presunção ten-
tando a Deus. Seja como for, não podia deixar
meu convidado sem provisão. Nessa época, a parábola da viúva se tornou muito preciosa para
mim. Vi que a Igreja era a viúva, e eu era um ministro da Igreja. Eu tinha o direito de ser seu porta-
voz contra o adversário; mas por muito tempo o
Senhor não me responderia. Eu pedia nada mais
do que os três pães; o que necessitava para meu
convidado. Finalmente, o Senhor ouviu ao suplicante inoportuno e me ajudou. Foi errado, então,
orar assim? As duas parábolas certamente têm de
ser praticadas em algum lugar, e onde se poderia
imaginar maior necessidade?

"E qual foi o fruto de minha oração? O amigo que estava a princípio indisposto não me disse: 'Vá agora que eu mesmo darei a seu amigo o que ele precisa'. Eu não exijo que você o faça, mas dê isso a mim como Seu amigo, para que eu o dê a meu convidado. E assim usei os três pães, e tive de economizar. O suprimento foi pequeno, e novos convidados vieram. Viram que eu estava disposto a ajudá-los, e que eu não me importaria, mesmo à meia-noite, de ir até meu amigo. Quando também pedi por eles, recebi novo suprimento, e novamente tive de economizar. O que poderia fazer se os necessitados continuavam vir à minha casa? Deveria me endurecer e dizer: 'Por que vêm a mim?'. Existem casas maiores e melhores na cidade, vão para lá. A resposta deles era: 'Prezado Senhor, não podemos ir lá. Já fomos, e eles com pesar nos mandaram embora famintos, nem puderam responsabilizar-se para ir e pedir a um amigo o que queríamos. Vá, por favor, e consiga-nos alguns pães, pois sofremos grande dor'. Que poderia eu fazer? Eles falaram a verdade, e seu sofrimento tocou meu coração. Não importasse quanto trabalho isso me custasse, cada vez que novamente ia, conseguia os três pães. Sempre consigo o que peço cada vez mais rápido do que da primeira vez, e também com maior abundância. Mas nem todos se importaram com o pão, e assim alguns saíram famintos de minha casa" (de Johann Christophe Blumhardt, Ein Lebensbild von F. Zündol [Um retrato da vida de F. Zündol]).

Em suas primeiras batalhas contra espíritos malignos, custou-lhe mais de dezoito meses de muita oração e trabalho antes que obtivesse a vitória final. Depois disso, teve tal facilidade de acesso ao trono, e permaneceu em comunhão tão íntima com o mundo invisível, que, muitas vezes, quando cartas chegavam pedindo oração por pessoas doentes, ele podia, apenas elevando rapidamente os olhos ao céu, obter a resposta como se estivesse certo de que já tinham sido curadas.

Lição 17

"Eu sei que sempre me ouves."

Oração em harmonia com Deus

Pai, graças te dou porque me ouviste.
Aliás, eu sabia que sempre me ouves. – João 11.41-42

Tu és meu Filho, eu, hoje, te gerei. Pede-me,
e eu te darei as nações por herança... – Salmos 2.7-8

O Novo Testamento faz uma distinção entre fé e conheci-mento. "Porque a um é dada, mediante o Espírito, a palavra da sabedoria; e a outro, segundo o mesmo Espírito, a palavra do co-nhecimento; a outro, no mesmo Espírito, a fé..." (1 Co 12.8-9). Numa criança ou num cristão simplório pode haver muita fé com pouco conhecimento. A simplicidade infantil aceita a verdade sem dificuldade e muitas vezes pouco se importa em dar a si mesma ou a outros qualquer razão para sua fé, exceto esta: Deus disse. Mas é da vontade de Deus que O amemos e O sirvamos não somente com todo o coração, mas também com todo nosso entendimento; e que também cresçamos com um discernimento da sabedoria e beleza divinas em todos os seus caminhos, palavras e obras. Só assim o crente será plenamente capaz de compreender e adorar perfeitamente a glória da graça de Deus. Só assim nosso coração pode, de forma inteligente, apreender os tesouros da sabedoria e do conhecimento que há na redenção e ser preparado para entrar de forma plena na nota mais alta do cântico que é entoado diante do trono: "Ó profundidade da riqueza, tanto da sabedoria como do conhecimento de Deus!" (Ro 11.33).

Em nossa vida de oração tal verdade tem sua aplicação plena. Enquanto a oração e a fé são tão simples que um novo convertido pode orar com poder, a verdadeira ciência cristã encontra na doutrina da oração alguns de seus problemas mais profundos. Até que ponto o poder da oração é uma realidade? E se for, como pode Deus atribuir à oração um poder tão grande? Como é possível harmonizar a ação da oração com o poder e os decretos de Deus? Como é possível reconciliar a soberania de Deus com a nossa vontade, e a liberdade de Deus com a nossa? Esses e outros questionamentos são assuntos apropriados para meditação e busca do cristão. Quanto mais determinada e reverentemente penetrarmos tais mistérios, mais nos prostraremos em maravilhosa adoração para louvar Aquele que conferiu ao homem tal poder em oração.

Uma das dificuldades secretas a respeito da oração, aquela que, embora não expressa, muitas vezes realmente obstrui a

oração, deriva da perfeição de Deus, em Sua absoluta indepen-
dência de tudo o que está fora d'Ele. Não é Ele o Ser Infinito, que
deve o que é a Si mesmo, que decide por Si mesmo e cuja sábia
e santa vontade determinou que tudo viesse a existir? Como
pode a oração influenciá-lO, ou como Ele pode ser movido pela
oração a fazer o que, de outro modo, não seria feito? Não seria
a promessa de resposta à oração simplesmente uma condescendência à nossa fraqueza? Não seria o que se diz sobre o poder –
o poder que pode muito – da oração nada mais do que uma aco-
modação do nosso modo de pensar, já que a Divindade nunca
pode ser dependente de qualquer ação externa de Seus feitos? E
não seria a bênção da oração simplesmente a influência que ela
exerce sobre nós mesmos?

Ao buscarmos uma resposta a tais perguntas encontramos a
chave no próprio ser de Deus, no mistério da Santa Trindade. Se
Deus fosse somente uma Pessoa, encerrada em Si mesma, não
poderia haver nenhuma ideia de aproximação a Ele ou influência sobre Ele. Entretanto, em Deus há três Pessoas. Em Deus temos o Pai e o Filho, que têm no Espírito Santo o elo vivo de unidade e comunhão. Quando o amor eternal gerou o Filho, e o Pai
deu ao Filho, como Segunda Pessoa, um lugar junto a Ele como
Seu igual e Seu conselheiro, abriu-se um caminho para a oração
e sua influência na própria vida íntima da Divindade.

Assim como na Terra, também no céu toda a relação entre Pai
e Filho é a de dar e tomar. Se esse tomar tem de ser tão volun-tá-
rio e autodeterminado como o dar, deve haver da parte do Filho
um pedir e um receber. Na santa comunhão das Pessoas divinas,
esse pedir do Filho foi uma das grandes operações da Três Vezes Bendita Vida de Deus. Por esta razão, temos no salmo 2: "Eu
hoje te gerei. Pede-me, e eu te darei". O Pai deu ao Filho o lugar
e o poder de agir sobre Ele próprio. O pedir do Filho foi um

daqueles movimentos de vida em que o amor do Pai e o amor do Filho se encontraram e se completaram.

O Pai havia determinado que não deveria estar só em Seus conselhos. Havia um Filho, cujo pedir e aceitar determinaria seu cumprimento. Havia no próprio Ser e Vida de Deus um pedir, do qual a oração na Terra devia ser o reflexo e o fluxo. Foi por isso que Jesus disse: "Eu sabia que sempre me ouves".

Assim como a posição de Filho que Jesus tem na Terra não pode ser separada de Sua posição de Filho no céu, de igual modo Sua oração na Terra é a continuação e contrapartida de Seu pedir no céu. A oração do homem Cristo Jesus é a conexão entre o pedir eternal do Filho unigênito no seio do Pai e a oração dos homens na Terra. A oração tem sua origem e fonte mais profunda no próprio Ser de Deus. No seio da Divindade nada jamais é feito sem oração – o pedir do Filho e o dar do Pai.

Isso pode nos ajudar de algum modo a compreender como a oração do homem, vinda através do Filho, pode ter efeito junto a Deus. Os decretos de Deus não são decisões tomadas por Ele sem referência ao Filho ou à Sua petição, ou à petição a ser enviada por intermédio d'Ele. De maneira alguma. O Senhor Jesus é o primogênito, Cabeça e Herdeiro de todas as coisas. Todas as coisas foram criadas por meio d'Ele e para Ele, e todas as coisas consistem n'Ele. Nos conselhos do Pai o Filho, como Representante de toda a criação, tinha sempre uma palavra. Nos decretos do propósito eterno havia sempre espaço para a liberdade do Filho como Mediador e Intercessor, assim como há para as petições de todos os que chegam ao Pai por meio do Filho.

Se alguém supõe que essa liberdade e poder do Filho de agir junto ao Pai entram em conflito com os decretos divinos, não se esqueça de que não há em relação a Deus, como ocorre com o homem, um passado ao qual Ele está irrevogavelmente atrelado. Deus não vive no tempo com seu passado e futuro. As distinções de tempo não têm relação com Ele, que habita na eternidade. A eternidade é um agora sempre presente, em que o passado nunca é passado, e o futuro é sempre presente.

Para lidar com nossa fraqueza humana, as Escrituras devem falar de decretos passados e de um futuro. Na realidade, a imutabilidade do conselho de Deus está sempre em perfeita harmonia com Sua liberdade para fazer qualquer coisa que desejar. Assim, as orações do Filho e de Seu povo foram aceitas nos decretos eternos não para ter efeitos apenas aparentes. Mas o coração do Pai mantém-se aberto e livre para ouvir cada oração que chega a Ele por meio do Filho, e Deus na verdade permite-Se ser persuadido, pela oração, a fazer aquilo que de outro modo não faria.

Esta perfeita harmonia e união entre a Soberania Divina e a liberdade humana é para nós um mistério impenetrável, porque Deus, como o *Eterno*, transcende todos os nossos pensamentos. Mas deixemos que o nosso conforto e nossa força se assegurem de que o poder da oração tem sua origem e segurança na comunhão eterna do Pai e do Filho e de que por meio de nossa união com o Filho nossa oração é acolhida e pode influenciar a vida íntima da Bendita Trindade. Os decretos de Deus não são uma estrutura de ferro contra a qual a liberdade do homem tenta lutar em vão. Não, o próprio Deus é o Amor Vivo, que em Seu Filho, como homem, entrou na relação mais terna com tudo o que é humano, que, por meio do Espírito Santo, acolhe tudo o que é humano na vida de amor divino e permanece livre para dar a cada oração humana seu lugar no governo divino deste mundo.

É na aurora desses pensamentos que a doutrina da Trindade Bendita não é mais uma especulação abstrata, mas sim a manifestação viva do modo pelo qual foi possível ao homem ser levado à comunhão com Deus, bem como foi possível que sua oração se tornasse um fator real no domínio de Deus sobre este mundo. Podemos, como que à distância, captar os lampejos da luz que, vinda do mundo eterno, brilha sobre palavras como estas: "Porque, por ele, ambos temos acesso ao Pai em um Espírito" (Ef 2.18).

"SENHOR, ensina-nos a orar."

Eterno Deus! Trino e Três Vezes Santo! Com profunda reverência, com a face velada, adoro-Te ante o santo mistério de Teu Ser Divino. Se Te apraz, ó Deus altamente glorioso, revelar-me uma partícula desse mistério, eu me curvo com temor e tremor, para não pecar contra Ti, enquanto medito na Tua glória.

Pai, agradeço-Te porque tomas este nome não apenas como o Pai de Teus filhos aqui na Terra, mas por teres desde a eternidade subsistido como Pai de Teu Filho unigênito. Agradeço-Te porque, como Pai, podes ouvir nossa oração, pois desde a eternidade deste lugar em Teus conselhos aos pedidos de Teu Filho. Agradeço-Te porque vimos n'Ele, aqui na Terra, qual era a bendita relação que Ele tinha Contigo no céu; e como, desde a eternidade, em todos os Teus conselhos e decretos, houve espaço para Suas orações e suas respostas. Agradeço-Te, acima de tudo, porque, através de Sua verdadeira natureza humana em Teu trono no alto, e através de Teu Santo Espírito em nossa natureza humana aqui embaixo, um caminho foi aberto, pelo qual todo clamor humano de necessidade pode ser levantado para tocar na Vida e no Amor de Deus, e receber em resposta tudo que for pedido.

Bendito Jesus! Por meio de quem, como Filho, o caminho da oração foi aberto, e que nos deu a certeza da resposta, suplicamos-Te, ensina Teu povo a orar. Permite que, a cada dia, seja este o sinal de nossa condição de filhos, para que, como Tu, saibamos que o Pai sempre nos ouve. Amém.

Nota

"'Deus ouve a oração.' Essa visão mais simples da oração se encontra em todas as Escrituras. Não se apoia na influência reflexa da oração em nosso coração e vida, embora ela mostre de forma abundante a ligação entre a oração como um ato e a oração como um estado. Antes, fixa de modo bem definido o objetivo ou real propósito da oração, para obter a bênção, os dons e a libertação de Deus. 'Pedi e dar-se-vos-á', Jesus diz.

"No entanto, por mais valiosa e verdadeira que a reflexão seja, que Deus, ao prever e preordenar todas as coisas, tenha também previsto e preordenado nossas orações como elos na cadeia de eventos de causa e efeito, como um poder real, ainda assim não nos sentimos convencidos de que isso é a luz pela qual a mente pode encontrar paz nesse importante assunto, nem pensamos ser esse o poder que nos atrai à oração. Antes, sentimos que tal reflexão desvia a atenção do objeto pelo qual vem o impulso, a vida e a força da oração. O Deus vivo, contemporâneo e não simplesmente eterno, misericordioso, santo, o Deus que manifesta a Si mesmo à alma, o Deus que diz: 'Buscai minha face', esse é o imã que nos atrai, somente isso pode abrir nosso coração e lábios...

"Em Jesus Cristo, o Filho de Deus, temos a solução perfeita para a dificuldade. Ele orou na Terra, e não simplesmente como homem, mas como o Filho de Deus encarnado. Sua oração na Terra é somente a manifestação de Sua oração desde toda a eternidade, quando no conselho divino Ele foi estabelecido como o Cristo... O Filho foi escolhido para ser o herdeiro de todas as coisas. Por toda a eternidade o Filho de Deus foi o Caminho, o Mediador. Ele estava, usando uma linguagem imperfeita, na eternidade falando ao Pai em favor do mundo" (Saphir, *The Hidden Life* [*A vida oculta*], cap. 6).

Lição 18

"De quem é esta efígie?"

Oração em harmonia com o destino do homem

E ele lhes perguntou: De quem é esta efígie e inscrição? – Mateus 22.20

Também disse Deus: Façamos o homem à nossa imagem, conforme a nossa semelhança. – Gênesis 1.26

"De quem é esta efígie?" Foi com essa pergunta que Jesus frustrou Seus inimigos, quando pensaram que O haviam encurralado e resolvido o problema da obrigação de pagar imposto. A pergunta e o princípio envolvidos são de aplicação universal. Em nenhum lugar mais verdadeira do que no próprio homem.

A imagem que ele carrega decide seu destino. O fato de ostentar a imagem de Deus mostra que ele pertence a Deus. Orar a Deus, é para isso que foi criado. A oração é parte da maravilhosa semelhança que ele tem com seu originador divino. Do profundo mistério da comunhão de amor em que a Trindade tem Sua bem-aventurança, a oração é a imagem e semelhança terrenas.

Quanto mais meditamos sobre o que é oração, e o seu maravilhoso poder com Deus, mais nos sentimos constrangidos a perguntar quem e o que é o homem, que lugar tem sido atribuído a ele nos conselhos de Deus. O pecado degradou-o tanto, que se partimos do que ele é agora não podemos formar nenhum conceito do que estava destinado a ser. Temos de voltar ao próprio registro de Deus sobre a criação do homem para descobrir o propósito original de Deus ao criá-lo, e com que capacidade ele foi dotado para o cumprimento desse propósito.

O destino do homem aparece claramente na linguagem usada por Deus ao criá-lo. Foi para ocupar, para subjugar, para ter domínio sobre a Terra e sobre tudo que nela há. Todas as três expressões mostram o destino do homem, como representante de Deus, para governar aqui na Terra. Como vice-rei de Deus ele deveria ocupar o lugar de Deus. Ao sujeitar-se a Deus, manteria tudo mais em sujeição a Ele. Era a vontade de Deus que tudo que fosse realizado na Terra o fosse por meio dele. A história da Terra era para estar inteiramente em suas mãos.

A posição que deveria tomar e o poder que estava ao seu dispor estavam de acordo com esse destino. Quando um soberano terrestre envia um vice-rei para uma província distante, entende-se que ele aconselha quanto à política a ser adotada. Esse conselho deve ser seguido. Ele tem liberdade para se dispor dos soldados e de outros recursos necessários para a realização da política ou manutenção da dignidade do império. Se sua política não for aprovada, ele é chamado a retornar para ser substituído por outra pessoa que entenda melhor o desejo de seu soberano. Enquanto for digno de confiança, seu conselho será realizado. Como representante de Deus, o homem deveria governar. Tudo seria feito sob sua vontade e governo. Sob seu conselho e ao seu pedido o céu concederia sua bênção na Terra. Sua oração era para ter sido o maravilhoso, embora simples e o mais natural, canal pelo qual o intercâmbio entre o Rei no céu e seu fiel servo na Terra, como senhor deste mundo, seria mantido. O destino do mundo foi entregue ao poder dos desejos, da vontade e da oração do homem.

Com o pecado, tudo isso sofreu uma terrível mudança. A queda do homem sujeitou toda a criação à maldição. Com a redenção deu-se início a uma gloriosa restauração. Tão logo Deus propôs em Abraão formar para Si mesmo um povo por meio do qual reis, até mesmo o Grande Rei, seriam levantados, vemos o poder que a oração do fiel servo de Deus tem para decidir o destino daqueles que entram em contato com ele. Em Abraão vemos como a oração não é apenas, ou até mesmo principalmente, o meio de obter bênçãos para nós mesmos, mas é o exercício de sua real prerrogativa para influenciar o destino dos homens e a vontade de Deus que os governa. Não vemos nem uma vez Abraão orando por ele mesmo. Sua oração por Sodoma e Ló, por Abimeleque, por Ismael prova que poder um homem, que é amigo de Deus, tem para determinar a história daqueles ao seu redor.

Esse tem sido o destino do homem desde o início. As Escrituras não somente afirmam isso, mas também nos ensinam como Deus pode confiar ao homem tal sublime vocação. Foi porque Ele o criou à Sua própria imagem e semelhança. O governo exterior não foi entregue a ele sem a aptidão interior. Ostentar a imagem de Deus ao ter domínio, sendo senhor de tudo, tinha sua raiz na semelhança interior, em sua natureza. Houve um acordo interno e harmonia entre Deus e o homem, uma incipiente imagem de Deus, que deu ao homem uma verdadeira aptidão para ser o mediador entre Deus e seu mundo, pois ele deveria ser profeta, sacerdote e rei, para interpretar a vontade de Deus, representar as necessidades da natureza, receber e dispensar a graça de Deus. Foi por ostentar a imagem de Deus que ele poderia representar o governo de Deus. Ele era de fato tão semelhante a Deus, tão capaz de entrar nos propósitos de Deus, e de realizar Seus planos, que Deus pôde confiar a ele o privilégio extraordinário de pedir e obter o que o mundo necessitasse.

E embora o pecado tenha por um tempo frustrado os planos de Deus, a oração ainda continua a ser o que teria sido se o homem não tivesse caído: a prova de sua semelhança com Deus, o veículo de seu intercâmbio com o Deus Infinito e Invisível, o poder que é conferido para segurar a mão que sustenta o destino do universo. A oração não é simplesmente o clamor do suplicante por misericórdia; é a mais alta expressão de sua vontade feita pelo homem, que sabe ser ele mesmo de origem divina, criado e capacitado para ser, na liberdade de um rei, o executor dos conselhos do Eterno.

O que o pecado destruiu a graça restaurou. O que o primeiro Adão perdeu o último recuperou. Em Cristo o homem retorna para sua posição original e a Igreja, na sua posição em Cristo, herda a promessa: "Pedireis o que quiserdes, e vos será feito" (Jo 15.7). Essa promessa de modo nenhum se refere, em primeiro lugar, à graça ou bênção que precisamos para nós mesmos. Faz referência à nossa posição como ramos frutíferos da Vinha Celestial, que, como Ele, vivem somente para a obra e a glória do Pai. É para os que permanecem n'Ele, que se esqueceram de si mesmos para fazer sua morada n'Ele, com Sua vida de obediência e autossacrifício, que perderam sua vida e acharam-na n'Ele, que estão agora totalmente dedicados aos interesses do Pai e de Seu reino.

Esses são aqueles que entendem como sua nova criação os trouxe de volta ao seu destino original, como a imagem e semelhança de Deus lhes foram restauradas e também o poder para ter domínio. São esses que têm de fato o poder, cada um em seu próprio círculo, para obter e dispensar os poderes do céu aqui na Terra. Com santa ousadia eles podem tornar conhecido o que desejam. Eles vivem como sacerdotes na presença de Deus; como reis os poderes do mundo vindouro começam a estar ao seu dispor. Eles entram no cumprimento da promessa: "E tudo quanto pedirdes em meu nome, isso farei" (Jo 14.13).

"Deus está procurando sacerdotes entre os filhos dos homens. Um sacerdócio humano é uma das partes essenciais de Seu plano eterno. *Governar* a criação através do homem é Seu desígnio; conduzir a adoração da criação através do homem não é parte de menor importância em Seu propósito.

O sacerdócio é a ligação estabelecida entre o céu e a Terra, o canal de intercâmbio entre o pecador e Deus. Esse sacerdócio, no que diz respeito à expiação, está apenas nas mãos do Filho de Deus; quanto ao meio de comunicação entre o Criador e a criatura, está também nas mãos dos homens redimidos – da Igreja de Deus.

Deus está buscando reis. Não nas fileiras dos anjos. Homens caídos devem render-se a Ele como governadores de Seu universo. Mãos humanas devem manejar o cetro, cabeças humanas devem usar a coroa" (*The Rent Veil* [*O véu rasgado*], Dr. H. Bonar).

Igreja do Deus vivo! Teu chamamento é mais sublime e mais santo do que tu sabes. Através dos membros, como reis e sacerdotes de Deus, governarias o mundo. Tuas orações ligam e desligam as bênçãos do céu. Por meio de Seus eleitos que não estão apenas contentes em serem eles mesmos salvos, mas que se rendem totalmente, para que por meio deles, isto é, através do Filho, o Pai venha a realizar todo Seu glorioso conselho, nesses Seus eleitos, que clamam a Ele dia e noite, Deus irá provar quão maravilhoso era o destino original do homem na Terra. Como o portador da imagem de Deus na Terra, a Terra foi de fato entregue em sua mão. Toda a criação geme e, conjuntamente, sofre dores de parto. Mas agora ele está redimido; a restauração da dignidade original começou. Faz parte de fato do plano de Deus que o cumprimento de Seu eterno propósito e a vinda de Seu reino dependam daqueles de Seu povo que, permanecendo em Cristo, estejam prontos para ocupar sua posição n'Ele como seu Cabeça, o grande Sacerdote e Rei, e em suas orações sejam ousados o bastante para dizer o que desejam que seu Deus realize. Como portador da imagem de Deus e como representante de Deus na Terra, o homem redimido tem, por suas orações, de determinar a história deste planeta. O homem foi criado, e já foi redimido, para orar, e por sua oração exercer domínio.

"SENHOR, ensina-nos a orar."

Senhor! Que é o homem para que dele Te lembres? E o filho do homem, para que o visites? Pois Tu o tens feito um pouco menor do que os anjos, e o tens coroado com glória e honra. Tu o fizeste para ter domínio sobre a obra de Tuas mãos: Tu tens posto todas as coisas debaixo de seus pés. Ó Senhor, nosso Senhor, quão excelente é o Teu nome em toda a Terra!

Senhor Deus! A que profundidade o pecado fez o homem cair. E como tem terrivelmente obscurecido sua mente, ao ponto de nem ao menos conhecer seu destino de ser Teu servo e representante. Meu Deus! Mesmo Teu povo, quando seus olhos estão abertos, está tão pouco preparado para aceitar seu chamamento e para buscar o poder com Deus, para que obtenha também poder com os homens para abençoá-los.

Senhor Jesus! É em Ti que o Pai tem novamente coroado o homem com glória e honra e aberto o caminho para nós para sermos o que Tu desejaste que fôssemos. Ó Senhor, tem misericórdia de Teu povo e visita Tua herança! Opere poderosamente em Tua Igreja, ensina Teus discípulos de fé a prosseguirem em seu sacerdócio real e no poder da oração, aos quais Tu tens dado tão maravilhosas promessas, para servir Teu Reino, para governar as nações e fazer o nome de Deus glorioso na Terra. Amém!

Lição 19

"Eu vou para junto do Pai."

Poder para orar e trabalhar

Em verdade, em verdade vos digo que aquele
que crê em mim fará também as obras que eu faço e
outras maiores fará, porque eu vou para junto do Pai.
E tudo quanto pedirdes em meu nome, isso farei... – João 14. 12-13

Assim como o Salvador inaugurou Seu ministério público com Seus discípulos por meio do Sermão da Montanha, assim o encerra com o discurso de despedida preservado por João para nós. Em ambos Ele fala mais de uma vez sobre oração, mas com uma diferença. No Sermão da Montanha é para os discípulos que acabaram de entrar em Sua escola, que mal sabem que Deus é seu Pai e cuja oração faz referência principalmente às suas necessidades. Neste discurso de despedida Ele fala aos discípulos cujo tempo de treinamento está chegando ao fim e estão preparados como Seus mensageiros para tomar Seu lugar e Seu trabalho.

Anteriormente, a principal lição era: ser como criança, orar com fé e confiar no Pai, que lhe dará toda boa dádiva. Aqui Ele mostra algo mais sublime. Eles são agora Seus amigos, a quem fez conhecido tudo que ouviu do Pai, Seus mensageiros, que adentraram em Seus planos e em cujas mãos o cuidado de Sua obra e reino na Terra está para ser confiado. Eles devem agora ir e fazer Sua obra, e no poder de Sua iminente exaltação obras maiores ainda. A oração deve ser agora o canal pelo qual esse poder será recebido para realizar seu trabalho. Com a ascensão de Cristo ao Pai, uma nova época se inicia tanto para a obra como para a oração deles.

Veja como esta ligação aparece de modo claro no texto. Como Seu corpo aqui na Terra, como aqueles que são um com Ele no céu, eles realizarão agora obras maiores do que Ele realizara. Seu sucesso e suas vitórias serão maiores do que as d'Ele. Ele menciona duas razões para isso. Primeiro, porque Ele iria para o Pai, para receber todo o poder; segundo, porque eles podiam agora pedir e esperar tudo em Seu nome. "... porque eu vou para junto do Pai. E [note esse e] tudo quanto pedirdes em meu nome, isso farei...". Sua ida para o Pai traria dessa forma bênção dobrada. Eles pediriam e receberiam tudo em Seu nome, e como consequência fariam obras maiores. Essa primeira menção de oração nas palavras de despedida de nosso Salvador ensina-nos assim duas das mais importantes lições. Aquele que deseja fazer as obras de Jesus tem de orar em Seu nome. Aquele que deseja orar em Seu nome tem de trabalhar em Seu nome.

Aquele que deseja trabalhar tem de orar. É pela oração que o poder para o trabalho é obtido. Aquele que em fé deseja fazer as obras que Jesus fez tem de orar em Seu nome. Enquanto Jesus esteve aqui na Terra, Ele mesmo fez as obras maiores. Os demônios que os discípulos não puderam expulsar fugiram diante de Sua palavra. Quando foi para o Pai, Ele não estava mais aqui no corpo para operar diretamente. Os discípulos agora eram Seu corpo. Todo Seu trabalho a partir do trono no céu aqui na Terra tinha e deveria ser feito por meio deles.

Alguém talvez pensasse que agora que Ele estava saindo de cena, e podia somente operar através de Seus comissários, as obras seriam em menor quantidade e menos poderosas. Ele nos afirma o contrário: "Em verdade, em verdade vos digo que aquele que crê em mim fará também as obras que eu faço e outras maiores fará". Sua morte iminente iniciaria algo novo e daria fim ao poder do pecado. Com a ressurreição, os poderes da vida eterna tomariam posse do corpo humano e obteriam supremacia sobre a vida humana. Com sua ascensão, Ele receberia o poder para comunicar o Espírito Santo de modo pleno aos Seus. A união, a unidade entre Ele mesmo no trono e eles na Terra, se tornaria tão intensa e divinamente perfeita que Ele quis dizer esta verdade de modo literal: "Fará também as obras que eu faço e outras maiores fará, porque eu vou para junto do Pai".

E essa afirmação foi provada como verdade. Enquanto Jesus, durante três anos de trabalho pessoal na Terra, reuniu não mais do que quinhentos discípulos, e a maioria deles tão frágil que produziu pouco crédito para Sua causa, foi dado a homens como Pedro e Paulo realizar abertamente obras maiores do que Ele realizara. Lá do trono Ele pôde fazer por meio deles o que Ele mesmo em Sua humilhação não pudera fazer ainda.

Mas existe uma condição: "Aquele que crê em mim fará também as obras que eu faço e outras maiores, porque eu vou para junto do Pai. E tudo quanto pedirdes em meu nome, isso farei". Sua ida para o Pai daria a Ele um novo poder para ouvir a oração. Para realizar as obras maiores, duas coisas seriam necessárias: Sua ida para o Pai para receber todo poder, nossa oração em Seu nome para receber todo poder d'Ele de novo. Enquanto pede ao Pai, Ele recebe e concede-nos o poder da nova dispensação para obras maiores. À medida que cremos, e pedimos em Seu nome, o poder vem e toma posse de nós para fazer as obras maiores.

Quanto trabalho há na obra de Deus no qual há pouco ou nada para ser visto do poder para fazer algo como as obras de Cristo, sem falar de maiores obras. Só pode haver uma razão: a fé n'Ele, a oração da fé em Seu nome. Quanta falta há disso! Que cada trabalhador e líder na igreja, ou na escola, ou na obra filantrópica, ou nas missões estrangeiras possa aprender a lição: oração no nome de Jesus é o caminho para compartilhar do grande poder que Jesus recebeu do Pai para Seu povo, e é apenas nesse poder que aquele que crê pode fazer as maiores obras.

Para cada queixa de fraqueza, inaptidão, dificuldades ou falta de sucesso, Jesus oferece só uma resposta: "Aquele que crê em mim fará também as obras que eu faço e outras maiores, porque eu vou para junto do Pai. E tudo quanto pedirdes em meu nome, isso farei". Temos de entender que a primeira e principal condição para todo aquele que deseja fazer a obra de Jesus é crer, e assim ficar ligado a Ele, o Todo-Poderoso, e depois orar a oração da fé em Seu nome. Sem isso nosso trabalho é apenas humano e carnal. Pode ter alguma utilidade para restringir o pecado, ou preparar o caminho para a bênção, mas o poder verdadeiro não existe. O trabalho eficaz necessita em primeiro lugar de oração eficaz.

E agora vamos à segunda lição: aquele que ora deve trabalhar. É para obter poder para trabalhar que a oração oferece tão grandiosas promessas: é no trabalho que o poder para a oração eficaz será obtido. Nessas palavras de despedida de nosso bendito Senhor o vemos repetindo não menos do que seis vezes (Jo 14.13-14, 15.7, 16, 16.23-24) as ilimitadas promessas de oração que tem tantas vezes despertado nosso questionamento ansioso quanto ao seu verdadeiro significado: "tudo quanto", "alguma coisa", "pedireis o que quiserdes", "pedi e recebereis". Quantas vezes um cristão tem lido isso vez após vez com alegria e esperança, e em profunda sinceridade de alma tem buscado suplicar isso para sua própria necessidade. E tem se desapontado. O motivo é simples: ele tirou a promessa de seu contexto.

O Senhor deu a maravilhosa promessa de usar livremente Seu nome com o Pai em ligação com o realizar de Suas obras. É para o discípulo que se rende totalmente para viver para a obra e reino de Jesus, para Sua vontade e honra, que o poder virá para se apropriar da promessa. Aquele que simplesmente capta a promessa quando quer algo muito especial para si mesmo ficará desapontado, porque deseja fazer de Jesus o servo de seu próprio conforto. Mas aquele que busca orar a oração eficaz de fé, porque necessita dela para o trabalho do Mestre, para esse será dado aprendê-la porque ele fez a si mesmo servo dos interesses de Seu Senhor. A oração não somente ensina e fortalece para o trabalho: o trabalho ensina e fortalece a oração.

Isso está em perfeita harmonia com o que é válido tanto no mundo natural como no espiritual. Ao que tem, dar-se-lhe-á, e terá em abundância; ou, aquele que é fiel no pouco, será fiel no muito. Vamos, com a pequena medida de graça já recebida, dar-nos ao Mestre para Seu trabalho: o trabalho ser-nos-á uma verdadeira escola de oração. Foi quando Moisés teve de assumir a responsabilidade total por um povo rebelde que sentiu a necessidade, mas também a coragem, de falar ousadamente a Deus e pedir-Lhe grandes coisas (Êx 33.12, 15, 18). À medida que se entregar totalmente a Deus para Sua obra, você sentirá que o que mais precisa são essas grandiosas promessas, e que são nelas que deve mais confiantemente esperar.

Crente em Jesus! Você é chamado, você é escolhido para fazer as obras de Jesus, porque Ele foi para o Pai para receber o poder para realizá-las em e através de você. Tudo o que pedirdes em meu nome, isso farei. Renda-se, e viva, para fazer as obras de Cristo e você aprenderá a orar de tal forma que virá a obter tremendas respostas de oração. Renda-se, e viva, para orar e você aprenderá a fazer as obras que Ele fez, e obras maiores. Com discípulos cheios de fé n'Ele mesmo, e ousados em oração para pedir grandes coisas, Cristo pode conquistar o mundo.

"SENHOR, ensina-nos a orar."

Ó meu Senhor! Ouvi de Ti hoje mais uma vez palavras que ultrapassam meu entendimento. E nada mais posso fazer do que em simples fé como de uma criança tomá-las e guardá-las como dádiva Tua para mim também. Tu disseste que, em virtude de Tua ida para o Pai, aquele que cresse em Ti faria as obras que Tu fizeste, e obras maiores. Senhor! Eu adoro a Ti como o Deus Glorificado e busco o cumprimento de Tua promessa. Que toda minha vida seja tão-somente de fé constante em Ti. Por isso, purifica e santifica meu coração, faça-o tão ternamente suscetível a Ti, e a Teu amor, que crer em Ti seja o próprio respirar de meu ser.

E Tu disseste que, em virtude de Tua ida ao Pai, tudo que pedirmos Tu farás. A partir do Teu trono de poder, Tu farias Teu povo compartilhar do poder dado a Ti e operaria por meio deles como membros de Teu corpo, em resposta às orações de fé feitas em Teu nome. Poder na oração Contigo e poder no trabalho com os homens é o que Tu prometeste a Teu povo e a mim também.

Bendito Senhor! Perdoa-nos por termos crido tão pouco em Ti e em Tua promessa e provado tão pouco de Tua fidelidade em cumpri-la. Perdoa-nos por termos honrado tão pouco Teu nome, que sempre prevalece no céu e sobre a Terra.

Senhor! Ensina-me a orar para que eu possa provar que Teu Nome de fato sempre prevalece com Deus, com os homens e com os demônios. Sim, ensina-me, então, a trabalhar e a orar para que Tu possas glorificar a Ti mesmo em mim como o Onipotente Deus e fazer Tuas grandes obras por meu intermédio. Amém.

Lição 20

"A fim de que o Pai seja glorificado."

O principal objetivo da oração

E tudo quanto pedirdes em meu nome, isso
farei, a fim de que o Pai seja glorificado no Filho. – João 14.13

Que o Pai possa ser glorificado no Filho: é para esse fim que Jesus, no Seu trono na glória, fará tudo que pedirmos em Seu nome. Toda resposta de oração que Ele der terá isso como objetivo. Quando não houver perspectiva de isso ser obtido, Ele não responderá. Naturalmente, então, fica evidente para nós, e para Jesus, o elemento essencial de nossas petições: a glória do Pai deve ser o alvo e o fim, a própria alma e vida de nossa oração.

Foi assim com Jesus quando estava na Terra. "Eu não procuro a minha própria glória: eu procuro a honra daquele que me enviou." Nessas palavras temos a tônica de Sua vida. Com as primeiras palavras da oração sacerdotal Ele expressa isso: "Pai, é chegada a hora; glorifica a teu Filho, para que o Filho te glorifique a ti... Eu te glorifiquei na terra... glorifica-me, ó Pai, contigo mesmo..." (Jo 17.1, 4-5). Ele pede para retornar à glória que tinha com o Pai baseado em duas coisas. Ele O glorificou na Terra; Ele ainda O glorificará no céu. O que pede é somente para capacitá-lO a glorificar o Pai ainda mais.

É quando entramos em concordância com Jesus nesse ponto, e O agradamos ao tornar a glória de Deus nosso objetivo principal também na oração, que nossa oração não pode deixar de obter resposta. Não há nada que o Amado Filho afirmou mais claramente que glorifica o Pai do que isso, o fato de Ele fazer o que Lhe pedimos. Ele, portanto, não deixará qualquer oportunidade passar para garantir que isso aconteça. Façamos com que Seu alvo seja o nosso. Que a glória do Pai seja o elo entre o nosso pedir e o Seu fazer. Tal oração irá prevalecer.

Essa palavra de Jesus é como uma espada afiada de dois gumes, penetrando ao ponto de dividir a alma do Espírito e rápida para discernir os pensamentos e intenções do coração. Jesus, em Suas orações na Terra, em Sua intercessão no céu, em Sua promessa de uma resposta às nossas orações, faz disso Seu primeiro objetivo – a glória de Seu Pai. Isso acontece conosco também? Ou não são, em grande medida, interesseiros e egoístas nossos mais fortes motivos para orar? Ou se não percebemos ser esse o caso, não temos nós reconhecido que o claro e consciente anseio pela glória do Pai não é o que anima nossas orações? E é isso que deveria acontecer.

Não que o crente não deseje isso às vezes. Mas ele tem de

lamentar que poucas vezes tenha atingido isso. E ele também sabe o motivo de seu fracasso. Foi porque a separação entre o espírito da vida diária e o espírito da hora de oração fosse demasiadamente grande. Começamos a ver que o desejo pela glória do Pai não é algo que podemos despertar e apresentar ao nosso Senhor quando nos preparamos para orar. Não! É somente quando toda nossa vida, em todas as áreas, rende-se à glória de Deus que podemos realmente orar para Sua glória também. "Fazer tudo para a glória de Deus" e "pedir tudo para a glória de Deus" – esses dois mandamentos gêmeos são inseparáveis. Obediência ao primeiro é o segredo de graça para o último. Uma vida para a glória de Deus é a condição das orações que Jesus pode responder, "a fim de que o Pai seja glorificado".

Essa exigência ligada à oração que prevalece – de que seja para a glória de Deus – nada mais é do que justo e natural. Há somente um que é glorioso, o Senhor. A glória pertence somente a Ele, e às criaturas com quem Ele reparti-la. A criação existe para manifestar Sua glória; tudo que não é para Sua glória é pecado, trevas e morte. É somente glorificando a Deus que as criaturas podem experimentar glória. O que o Filho do Homem fez, rendendo-se totalmente, toda Sua vida, para glorificar ao Pai, nada mais é do que a simples obrigação de todo ser redimido. E a recompensa de Cristo será sua também. Porque Ele entregou a si mesmo de forma tão completa à glória do Pai, o Pai O coroou com glória e honra, concedendo o reino em Suas mãos, com poder para pedir o que quisesse, e, como Intercessor, para responder nossas orações. E assim como nos tornamos um com Cristo nisso, e por nossa oração ser parte de uma vida completamente rendida à glória de Deus, da mesma forma o Salvador será capaz de glorificar o Pai em nós por meio do cumprimento da promessa: "E tudo quanto pedirdes em meu nome, isso farei".

Essa vida, cujo único objetivo é a glória de Deus, não pode ser obtida através de nenhum esforço nosso. Essa vida é para ser vista somente no homem Jesus Cristo: só n'Ele vamos encontrá-la. Sim, bendito seja Deus! Sua vida é nossa vida; Ele se entregou por nós; Ele mesmo é a nossa vida agora. A descoberta, a confissão e a negação do eu, como usurpador do lugar de Deus, do interesse próprio e da autoconfiança é essencial, e mesmo assim não é algo que podemos alcançar com nossa própria força. É a entrada e a habitação, a Presença e o Governo no coração, de nosso Senhor Jesus, que glorificou o Pai na Terra e está agora glorificado com Ele, que possibilitam que Ele O glorifique em nós. É o próprio Jesus dentro de nós que pode expulsar todo desejo de glória própria e nos conceder no lugar Sua própria vida e Espírito de glorificar a Deus.

E existirá algum motivo ou poder que pode exortar o nosso coração ocioso para que se renda ao nosso Senhor para que opere isso em nós? Certamente nada mais é necessário do que um vislumbre de quão glorioso e único digno de glória é o Pai. Que nossa fé aprenda em respeitável adoração a prostrar-se diante d'Ele, a atribuir somente a Ele o reino, o poder e a glória, a fazer com que nos rendamos para habitar na luz do Deus sempre Bendito e sempre Amado. Certamente, seremos movidos a dizer: "A Ele toda a glória". E nós olharemos para nosso Senhor Jesus Cristo com novo e intenso desejo por uma vida que se recusa a ver ou buscar nada a não ser a glória de Deus. Quando existem somente algumas poucas orações respondidas, o Pai não é glorificado. É uma obrigação, para a glória de Deus, viver e orar para que nossa oração seja respondida. Por causa da glória de Deus, vamos aprender a orar bem.

É motivo de grande tristeza que tantas vezes haja oração sincera pelo filho de um amigo, por uma obra ou um grupo em que a preocupação por nossa alegria ou nosso prazer seja muito mais forte do que qualquer anseio pela glória de Deus. Não é de admirar que haja tantas orações sem resposta. Temos aqui o segredo. Deus não seria glorificado se Sua glória não fosse nosso objetivo. Aquele que se dispõe a orar a oração da fé terá de entregar a si mesmo para viver literalmente de tal forma que o Pai seja glorificado em todas as coisas nele. Esse deve ser seu alvo. Sem isso não pode existir a oração da fé. "Como podeis crer", disse Jesus, "vós que aceitais glória uns dos outros e, contudo, não procurais a glória que vem do Deus único?" (Jo 5.44).

Toda busca de glória própria com os homens torna a fé impossível. É o profundo e intenso sacrifício de si mesmo, que abre mão de glória própria e busca a glória de Deus somente, que desperta na alma a suscetibilidade espiritual do divino, que é fé. A entrega a Deus para buscar Sua glória e a expectativa de que Ele mostrará Sua glória ao nos ouvir têm a mesma raiz. Somente aquele que busca a glória de Deus há de vê-la na resposta de sua oração.

E como, perguntamos mais uma vez, alcançaremos isso? Comecemos pela confissão. Como estamos longe de permitir que a glória de Deus se torne uma paixão que nos absorve por completo! Como estamos longe de viver uma vida semelhante à do Filho, e em concordância com Ele – para Deus e Sua glória somente. Que separemos tempo, até que o Espírito Santo nos revele isso, e vejamos como temos falhado nisso. O verdadeiro reconhecimento e confissão de pecado são o caminho seguro para a libertação.

E depois disso olhemos para Jesus. Nele podemos ver por que por meio da morte podemos glorificar a Deus. Por meio da morte Ele O glorificou; por meio da morte Ele foi glorificado com Ele. É pela morte, morrendo para si e vivendo para Deus, que podemos glorificá-lO. E é isso – a morte de si mesmo e a vida para a glória de Deus – que Jesus oferece e vive em cada um daqueles que conseguem confiar n'Ele para isso. Que nada menos que isto – o desejo, a decisão de viver somente para a glória de Deus, como Cristo fez; a aceitação d'Ele com Sua vida e força operando em nós; a alegre garantia de que podemos viver para a glória de Deus porque Cristo vive em nós –, que isto seja o espírito de nossa vida diária. Jesus nos dá a garantia de que é possível viver dessa forma. O Espírito Santo foi dado e deseja que isso se torne nossa experiência, se tão-somente confiarmos n'Ele para fazê-lo. Não vamos permanecer na incredulidade, mas com confiança vivamos por este lema: tudo para a glória de Deus! O Pai aceita a vontade, o sacrifício é agradável. O Espírito Santo imprimirá em nós a consciência de que vivemos para Deus e para Sua glória.

Então, que doce paz e poder haverá em nossas orações, à medida que experimentarmos nós mesmos, por Sua graça, em perfeita harmonia com Aquele que nos diz, quando promete fazer o que pedimos: "A fim de que o Pai seja glorificado no Filho". Com todo nosso ser conscientemente entregue à inspiração da Palavra e do Espírito, nossos desejos não serão mais nossos, mas d'Ele. O único objetivo deles será a glória de Deus. Com liberdade cada vez maior, seremos capazes de dizer em oração: Pai! Tu sabes, pedimos isso somente para Tua glória. E a condição para as respostas às nossas orações, em vez de ser como uma montanha que não conseguimos escalar, transmitirá uma maior confiança de que seremos ouvidos, porque vimos que a oração não possui beleza nem bem-aventurança maiores do que esta, de que ela glorifique o Pai. E o privilégio precioso da oração se tornará duplamente precioso porque nos introduzirá numa perfeita sintonia com o Filho Amado na maravilhosa parceria que Ele propôs: "E tudo quanto pedirdes em meu nome, isso farei, a fim de que o Pai seja glorificado no Filho".

"SENHOR, ensina-nos a orar."

Bendito Senhor Jesus! Venho a Ti mais uma vez. Cada lição que Tu me ensinas convence-me de modo mais profundo de quão pouco eu sei orar corretamente. Mas cada lição também me enche de inspiração e esperança de que Tu vais ensinar-me, de que Tu estás me ensinando não somente a perceber o que a oração deve ser, mas verdadeiramente a orar como convém. Ó meu Senhor! Olho para Ti com coragem, o Grande Intercessor, que orou e ouve a oração, para que somente o Pai seja glorificado, ensina-me também a viver e orar para a glória de Deus.

Salvador! Com este objetivo eu me rendo a Ti novamente. Não quero ser nada. Entrego meu eu, pois já estou crucificado Contigo, para a morte. Pelo

Espírito as obras da carne estão mortificadas; Tua vida e Teu amor de Pai tomam posse de mim. Um novo anseio começa a encher minha alma, para que todo dia, toda hora, que em toda oração a glória do Pai possa ser tudo para mim. Ó meu Senhor! Estou em Tua escola para aprender isso. Ensina-me isso.

E que Tu, o Deus de glória, o Pai da glória, meu Deus e meu Pai, aceite o desejo de um filho que viu que Tua glória é de fato a única coisa pela qual vale a pena viver. Ó Senhor! Revela-me Tua glória. Que ela me envolva. Que ela encha o templo do meu coração. Que eu permaneça nela como revelada em Cristo. E que Tu mesmo cumpra em mim Tua boa vontade, que Teu filho possa achar sua glória ao buscar a glória de seu Pai. Amém.

Lição 21

"Se permanecerdes em mim."

A condição que inclui tudo

Se permanecerdes em mim, e as minhas palavras permanecerem em vós, pedireis o que quiserdes, e vos será feito. – João 15.7

Em todo intercâmbio de Deus conosco, a promessa e suas condições são inseparáveis. Se cumprirmos as condições, Ele cumprirá a promessa. O que Ele significa para nós depende do que estamos dispostos a significar para Ele. "Chegai-vos a Deus, e ele se chegará a vós outros." E assim, em oração a promessa ilimitada – pedireis o que quiserdes, e vos será feito – tem uma simples e natural condição: se permanecerdes em mim. É a Cristo que o Pai sempre ouve; Deus está em Cristo e somente pode ser alcançado através de se estar n'Ele; estar n'Ele é a maneira de ter nossa oração respondida; permanecendo plena e totalmente n'Ele temos o direito de pedir o que quisermos, e a promessa nos será cumprida.

Quando comparamos essa promessa com a experiência da maioria dos crentes, somos surpreendidos com uma terrível discrepância. Quem pode numerar as incontáveis orações que sobem sem obter nenhuma resposta? O motivo só pode ser um: ou nós não cumprimos as condições ou Deus não cumpre a promessa. Os crentes não estão dispostos a admitir nenhum dos dois, por isso elaboraram uma estratégia para escapar do dilema. Eles acrescentam à promessa uma cláusula condicional que nosso Salvador não acrescentou – se for da vontade de Deus; e assim conseguem manter tanto a integridade de Deus como a sua própria.

Ó, se eles tão somente aceitassem a promessa e se apegassem firmemente a ela tal como se apresenta, confiando em Cristo para reivindicar Sua verdade, como o Espírito de Deus levaria os que realmente permanecem em Cristo e no verdadeiro significado de Suas palavras a enxergar o divino proprietário de tal promessa. Como os levaria a confessar que o fracasso em cumprir as condições é a única explicação suficiente para orações sem resposta. E como o Espírito Santo transformaria nossa fraqueza em oração em um dos motivos mais fortes para nos exortar a descobrir o segredo e a obter a bênção da plena permanência em Cristo.

"Se permanecerdes em mim." À medida que o cristão cresce na graça e no conhecimento do Senhor Jesus, ele muitas vezes fica surpreso ao descobrir como as palavras de Deus crescem também e chegam a ele com um novo e mais profundo significado. Ele pode recordar o dia em que uma palavra de Deus lhe foi revelada, e como se alegrou na bênção que experimentara. Após certo tempo, uma experiência mais profunda deu a ela um novo significado, e foi como se nunca tivesse visto aquilo antes. E de novo, enquanto prossegue na vida cristã, a mesma palavra surge diante dele como um grande mistério, até que mais uma vez o Espírito Santo o conduz, de forma mais profunda ainda, à plenitude Divina.

Uma dessas expressões de inesgotável e incessante crescimento, que descortinam para nós passo a passo a plenitude da vida divina, é a preciosa "permanecei em mim" do Mestre. Assim como a união da vara com a videira leva a um crescimento constante e cada vez maior, nossa permanência em Cristo é um processo de vida pelo qual a vida divina apropria-se de nós de maneira cada vez mais plena e completa. O crente jovem e frágil pode realmente permanecer em Cristo na sua medida de luz; é ele que prossegue para alcançar a plena permanência no sentido que o Mestre quis dar às Suas palavras, que herda todas as promessas relacionadas a ela.

Ao cultivar a vida de permanência em Cristo, a primeira etapa é a da fé. À medida que o crente enxerga que, apesar de toda sua fraqueza, o mandamento realmente está destinado a ele, seu principal objetivo é simplesmente crer que, ao saber que está em Cristo, não obstante sua infidelidade e fracasso, permanecer em Cristo é sua obrigação imediata e uma bênção ao seu alcance. Ele se concentra especialmente no amor, no poder e na fidelidade do Salvador; e sente que sua única necessidade é continuar crendo.

No entanto, logo perceberá que algo mais é necessário. A obediência e a fé devem andar juntas. Não que o cristão deva acrescentar obediência à sua fé, mas a fé deve manifestar-se em forma de obediência. A fé é a obediência em casa e contemplando o Mestre. A obediência é a fé saindo de casa para fazer Sua vontade. Ele compreende agora que esteve mais ocupado com o privilégio e a bênção dessa permanência do que com seus deveres e fruto. Houve muito de si mesmo e de sua vontade própria que passaram despercebidos ou foram tolerados por ele. A paz que ele, como um jovem e frágil discípulo, podia desfrutar ao crer desaparece. É pela prática da obediência que a permanência deve ser mantida. "Se guardardes os meus mandamentos, permanecereis no meu amor" (Jo 15.10). Assim como seu grande objetivo anterior era pela mente, e a verdade da qual ela se apropriava, fazer com que seu coração descansasse em Cristo e nas Suas promessas, agora, nesta etapa, seu principal trabalho é fazer com que sua vontade se una com a vontade de seu Senhor, e que seu coração e vida se submetam inteiramente ao Seu governo.

E ainda falta mais uma coisa. A vontade e o coração estão do lado de Cristo. Ele obedece e ama seu Senhor. Mas por que a natureza carnal ainda tem tanto poder, a ponto de as emoções espontâneas do homem interior não serem como deveriam ser? A vontade não aprova ou autoriza, mas existe uma região além do controle da vontade. E por que também, mesmo quando não há muita autorização positiva para condenar, tanta omissão, falta da beleza da santidade, zelo do amor, conformidade a Jesus e à Sua morte, na qual a vida do eu é perdida, e que sem dúvida faz parte do permanecer, como o Mestre ensinou? Certamente deve haver alguma coisa em nossa permanência em Cristo e de Cristo em nós que ele ainda não experimentou.

Portanto, a fé e a obediência são o único caminho de bênção. Antes de nos ensinar a parábola da videira, Jesus afirmou muito claramente que a bênção plena é alcançada pela fé e obediência. Três vezes disse: "Se me amais, guardareis os meus mandamentos", e falou sobre a tríplice bênção com a qual Ele coroaria esse amor obediente. O Espírito Santo viria da parte do Pai; o Filho manifestaria a Si mesmo; o Pai e o Filho viriam e fariam sua morada.

É como se nossa fé crescesse em obediência, e em obediência e amor todo nosso ser se expandisse e se agarrasse a Cristo, até que nossa vida interior ficasse exposta, tornando-nos capazes de receber dentro de nós a vida, o Espírito, de Jesus glorificado, como uma união clara e consciente com Cristo e o Pai. A palavra se cumpre em nós: "Naquele dia, vós conhecereis que eu estou em meu Pai, e vós, em mim, e eu, em vós" (Jo 14.20). Nós compreendemos como, da mesma maneira que Cristo está em Deus, e Deus em Cristo, juntos não somente em vontade e amor, mas em identidade de natureza e vida, porque eles existem um no outro, estamos em Cristo e Cristo está em nós, em união não somente de vontade e amor, mas de vida e natureza também.

Foi depois que Jesus falou que pelo Espírito Santo sabemos que Ele está no Pai, e por isso nós estamos n'Ele e Ele em nós, que ele disse: "Permanecei em mim, e Eu permanecerei em vós. Aceitai, consenti em receber a vida divina de união Comigo mesmo, para que, assim como vós permaneceis em mim, Eu também permaneça em vós, assim como Eu permaneço no Pai. Para que vossa vida seja Minha e Minha vida seja vossa". Essa é a verdadeira permanência, a ocupação da posição onde Cristo pode vir e permanecer. É permanecendo n'Ele que a alma se liberta de si mesma para descobrir que Ele ocupou Seu lugar e tornou-Se nossa vida. É tornando-nos como crianças despreocupadas e que encontram sua felicidade na confiança e obediência ao Pai que em amor fez tudo por nós.

Àqueles que assim permanecem, a promessa vem como seu direito por herança: pedireis o que quiserdes, e vos será feito. Não pode ser de outra forma. Cristo tem plena possessão deles. Cristo habita em seu amor, em sua vontade e em sua vida. Eles não apenas têm cedido sua vontade; Cristo entrou nela e habita e vive nela por Seu Espírito. Aquele a quem o Pai sempre ouve ora neles; eles oram n'Ele, e tudo quanto pedirem lhes será feito.

Amado irmão e companheiro, confessemos que é por não permanecermos em Cristo como Ele gostaria que a Igreja está tão impotente diante da infidelidade, do mundanismo e do paganismo, no meio dos quais o Senhor é capaz de fazê-la mais do que vencedora. Creiamos que Ele cumpre o que promete e aceitemos a condenação que a confissão implica.

Mas não desanimemos. A permanência do ramo na videira é uma vida de crescimento incessante. A permanência, como o Mestre ensinou, está ao nosso alcance, pois Ele vive para nos dar isso. Que estejamos prontos para considerar tudo como perda e dizer: "Não que eu o tenha já recebido ou tenha já obtido a perfeição; mas prossigo para conquistar aquilo para o que também fui conquistado por Cristo Jesus" (Fl 3.12). Não nos concentremos somente em permanecer n'Ele, mas com Ele, a quem o permanecer nos liga, e com Sua plenitude. Que seja Ele, o Cristo total, em Sua obediência e humilhação, em Sua exaltação e poder, em quem nossa alma move e vive. Ele mesmo cumprirá Sua promessa em nós.

E então, à medida que permanecemos n'Ele, e crescemos cada vez mais até alcançar a plena permanência, exercitemos nosso direito, a vontade de se apropriar de todos os mandamentos de Deus, reivindiquemos o que eles prometem. Que nos rendamos ao ensinamento do Espírito Santo, para revelar a cada um de nós, conforme Seu crescimento e medida, qual é a vontade de Deus que podemos reivindicar em oração. E não nos satisfaçamos com nada menos do que a experiência pessoal que Jesus prometeu quando disse: "Se permanecerdes em mim, e as minhas palavras permanecerem em vós, pedireis o que quiserdes, e vos será feito".

"SENHOR, ensina-nos a orar."

Amado Senhor! Ensina-me de fato a receber essa promessa novamente em toda sua simplicidade e estar certo de que a única medida de Teu santo ato de dar é nosso santo ato de querer. Senhor! Que cada palavra dessa Tua promessa se torne mais uma vez veloz e poderosa em minha alma.

Tu disseste: Permanecei em mim! Ó, meu Mestre, minha Vida, meu Tudo, eu realmente permaneço em Ti. Permite-me crescer em toda Tua plenitude. Não é o esforço da fé, buscando se apegar a Ti, nem mesmo o descanso da fé, confiando em Ti para me guardar; não é a obediência da vontade, nem o guardar dos mandamentos; mas é Tu mesmo vivendo em mim como Tu vives no Pai, só isso pode me satisfazer. É Tu mesmo, meu Senhor, não mais diante de mim ou acima de mim, mas um comigo, e permanecendo em mim; é isso que eu preciso, é isso que eu busco. É para isso que confio em Ti.

Tu disseste: Pedireis o que quiserdes! Senhor, eu sei que a vida plena e profunda de permanência se renovará e santificará e fortalecerá a vontade para que tenha a luz e a liberdade para pedir grandes coisas. Senhor! Que minha vontade, aniquilada em Tua morte, vivendo Tua vida, seja ousada e ambiciosa em suas petições.

Tu disseste: E vos será feito! Ó, Tu que és o Amém, a Fiel e Verdadeira Testemunha, concede-me em Ti a jubilosa confiança de que Tu farás essa palavra ainda mais maravilhosamente verdadeira do que nunca para mim, porque não penetrou no coração dos homens o que Deus preparou para os que O amam. Amém.

Nota

Se compararmos cuidadosamente o que na maioria das vezes achamos em livros de sermões sobre oração com o ensinamento do Mestre, perceberemos uma grande diferença: a importância atribuída à oração não é de forma alguma a mesma. Naqueles vemos uma grande ênfase na bênção da oração como um exercício espiritual, mesmo que não haja nenhuma resposta, e nos motivos pelos quais devemos ficar satisfeitos sem isso. O relacionamento com Deus deve ser mais valorizado do que a dádiva que pedimos. Somente a sabedoria de Deus sabe o que é melhor. Talvez Ele conceda algo superior àquilo que retém. Embora esse ensinamento pareça muito sublime e espiritual, o impressionante é que nada disso é ensinado por nosso Senhor. Quanto mais cuidadosamente reunirmos tudo que Ele disse sobre oração, mais claro se tornará que Seu desejo era que considerássemos a oração simplesmente como o meio de obter um fim, e que a resposta seria a prova de que nós e nossa oração fomos aceitos pelo Pai no céu. Não que Cristo quisesse que tivéssemos em mais alta conta as dádivas do que o relacionamento e o favor do Pai. De modo algum. Mas o Pai quer que a resposta seja o sinal de Seu favor e da realidade de nossa comunhão com Ele. "Hoje, reconheço que achei mercê diante de ti, ó rei, meu senhor; porque o rei fez segundo a palavra do seu servo" (2 Sm 14.22).

Uma vida marcada por oração diária é a prova de nossa maturidade espiritual. Mostra que temos de fato alcançado a verdadeira permanência em Cristo; que nossa vontade tornou-se verdadeiramente uma com a vontade de Deus; que nossa fé tornou-se forte para ver e receber o que Deus preparou para nós. Mostra que o nome de Cristo e Sua natureza tomaram plena posse de nós; e que fomos considerados aptos para tomar lugar entre os que Deus admite em Seu conselho, e cujas orações Ele usa para governar o mundo. Esses são aqueles em quem algo da dignidade original do homem foi restaurada, em quem, à medida que permanecem em Cristo, Seu poder de Intercessor que sempre prevalece pode manifestar-se, e em quem a glória de Seu nome é revelada. A oração é uma grande bênção; e a resposta uma bênção maior ainda, como a resposta do Pai de que nossa oração, nossa fé, nossa vontade estão realmente como Ele gostaria que estivessem.

Faço essas observações com o único desejo de levar meus leitores a reunir por si mesmos tudo que Jesus disse sobre oração, permitindo-se ser totalmente marcados pela verdade de que quando a oração é o que deveria ser, ou melhor, quando somos o que devemos ser, por meio de nossa permanência em Cristo, deve-se esperar uma resposta. Isso nos fará abandonar aqueles refúgios que nos fazem sentir confortáveis com orações sem resposta. Revelar-nos-á o lugar de poder que Cristo reservou para Sua Igreja, e que ela ocupa tão pouco. Evidenciará a terrível fraqueza de nossa vida espiritual como a causa de não sabermos orar com ousadia em nome de Cristo. Seremos exortados a alcançar uma vida poderosa em plena união com Cristo, como o segredo da oração eficaz. E seremos levados a compreender nosso destino: "Em verdade, em verdade vos digo: se pedirdes alguma coisa ao Pai, ele vo-la concederá em meu nome. ... pedi e recebereis, para que a vossa alegria seja completa". A oração que está realmente, espiritualmente, em união com Jesus é sempre respondida.

Lição 22

"Minhas palavras em vós."

A Palavra e a oração

Se permanecerdes em mim, e as minhas palavras permanecerem em vós, pedireis o que quiserdes, e vos será feito. – João 15.7

A conexão vital entre a Palavra e a oração é uma das lições mais simples e mais antigas da vida cristã. Como disse um pagão recém-convertido: "Quando oro, falo com o meu Pai. Quando leio Sua Palavra, meu Pai fala comigo". Antes da oração, é a Palavra de Deus que me prepara para orar, revelando-me o que o Pai deseja que eu peça.

Durante a oração é a Palavra de Deus que me fortalece dando

à minha fé a sua garantia e o seu pedido. Depois da oração, é a Palavra de Deus que me dá a resposta, porque nela o Espírito me permite ouvir a voz do Pai.

Oração não é monólogo, mas diálogo. A voz de Deus respondendo à minha é a parte mais essencial. Ouvir a voz de Deus é a chave da certeza de que Ele ouvirá a minha. "Inclina o teu ouvido, e ouve." "Dai ouvidos a mim." "Ouvi a minha voz." Estas são palavras que Deus fala ao homem da mesma forma como também o homem fala para Deus. O ouvido de Deus para nós depende do nosso ouvido para Ele. A receptividade das Suas palavras em mim será a medida do poder das minhas palavras com Ele. Aquilo que as palavras de Deus significam para mim é o teste do que Ele próprio é para mim, e por isso é também o teste da retidão do meu desejo por Ele em oração.

É para esta ligação entre a Sua Palavra e a nossa oração que Jesus aponta quando diz: "Se permanecerdes em mim, e as minhas palavras permanecerem em vós, pedireis o que quiserdes, e vos será feito". A profunda importância desta verdade se torna clara se observamos a outra expressão que esta substituiu. Mais de uma vez Jesus havia dito: "Permanecei em Mim e Eu permanecerei em vós". A Sua permanência em nós era o complemento e a coroa da nossa permanência n'Ele. Mas aqui, em vez de "vós em Mim e Eu em vós", Ele diz: "Vós em Mim e as Minhas Palavras em vós". A permanência das Suas palavras equivale à permanência d'Ele mesmo.

Aqui se descortina para nós uma visão do lugar que as palavras de Deus em Cristo representam na nossa vida espiritual, e especialmente nas nossas orações. Um homem se revela nas suas próprias palavras. Nas suas promessas ele literalmente se entrega, ele se amarra completamente àquele a quem fez as promessas. Nas suas ordens ele estabelece a sua vontade. Ele procura se tornar senhor daquele cuja obediência exige e procura guiá-lo e utilizá-lo como se ele fosse parte de si mesmo. É através das nossas palavras que o espírito estabelece comunhão com o espírito, que o espírito de um homem se transpõe e se transfere para outro. Através das palavras de um homem, ouvidas e aceitas e retidas firmemente e obedecidas, ele pode transmitir-se para outro. Mas tudo isso está num sentido muito limitado e relativo.

Deus é o Ser infinito no qual tudo é vida e poder, espírito e verdade, no sentido mais profundo destas palavras. Quando Deus comunica a Si mesmo nas Suas palavras, verdadeiramente Ele *Se dá a Si mesmo*, o Seu amor e a Sua vida, a Sua vontade e o Seu poder para aqueles que recebem a Sua palavra. Ele faz isso numa realidade que está além da compreensão. Em cada promessa Ele Se coloca totalmente à nossa disposição para que O abracemos e O possuamos. Em cada mandamento Ele Se coloca totalmente à nossa disposição para que compartilhemos com Ele a Sua vontade, a Sua santidade, a Sua perfeição. Na Sua Palavra Deus nos dá *Ele mesmo*. A Sua Palavra nada mais é do que o Filho eterno, Cristo Jesus. Todas as palavras de Cristo são palavras de Deus, cheias de vida e poder divinos e vivificantes. "As palavras que eu vos tenho dito são espírito e são vida."

Aqueles que fizeram dos surdos e dos mudos seu objeto de pesquisa nos explicam que a capacidade de falar depende muito da capacidade de ouvir, e como a perda da audição nas crianças é seguida imediatamente da perda da fala também. Isso é verdade num sentido mais amplo; assim como ouvimos, assim nós falamos. Isso também é verdade no sentido mais elevado do nosso relacionamento com Deus. Oferecer uma oração, expressar certos desejos e apelar para algumas promessas são coisas muito fáceis e podem ser aprendidas pelo homem pela própria sabedoria humana. Mas orar no Espírito, falar palavras que alcancem e toquem em Deus, que afetem e influenciem os poderes do mundo invisível, tais orações, tais palavras, dependem totalmente da nossa capacidade de ouvir a voz de Deus. À medida que ouvimos a voz e a língua que Deus fala, e nas palavras de Deus recebemos os Seus pensamentos, a Sua mente, a Sua vida no nosso coração, aprenderemos a falar na voz e na língua que Deus ouve. É o ouvido do aprendiz, despertado manhã após manhã, que prepara a língua do erudito a falar tanto com Deus como com o homem, como deve ser (Is 50.4).

Este ouvir a voz de Deus é algo muito mais do que o estudo cuidadoso e atento da Palavra. Existe um estudo e conhecimento da Palavra no qual há pouca comunhão real com o Deus vivo. Mas há também uma leitura da Palavra, na presença real do Pai sob a liderança do Espírito, na qual a Palavra vem até nós com o poder vivo do próprio Deus. Para nós é a verdadeira voz do Pai, uma comunhão real e pessoal com Ele. É a voz viva do Pai que penetra no coração, que traz bênção e força e desperta em nós a resposta de uma fé viva que volta novamente para atingir o coração de Deus.

A capacidade tanto de obedecer como de crer depende de ouvir essa voz. O principal não é saber o que Deus disse para fazermos, mas saber que Deus mesmo o disse para nós. Não é a lei, nem o livro, nem o conhecimento do que é certo que produz obediência, mas a influência pessoal de Deus e Sua comunhão viva conosco. Não é o conhecimento do que Deus prometeu, mas a presença do Deus vivo como Aquele que promete, que desperta a fé e a confiança na oração. É somente na presença completa de Deus que a desobediência e a incredulidade se tornam impossíveis.

"Se permanecerdes em mim, e as minhas palavras permanecerem em vós, pedireis o que quiserdes, e vos será feito." Podemos

ver o que isso significa nas palavras que o próprio Salvador pro-
fere. Precisamos ter em nós palavras, assimiladas na nossa vontade e na nossa vida e reproduzidas na nossa disposição e na
nossa conduta. É preciso que elas permaneçam em nós. Toda a
nossa vida precisa ser uma exposição contínua das palavras que
estão em nós, enchendo-nos. A Palavra revela Cristo interior-
mente, e a nossa vida O revela exteriormente. É à medida que as
palavras de Cristo entram verdadeiramente no nosso coração, tornando-se parte da nossa vida e influenciando-a, que as nossas palavras entrarão no Seu coração e O influenciarão. Minha oração
depende da minha vida. O que as palavras de Deus são para mim
e em mim, minhas palavras serão para Deus e em Deus. Se eu faço
o que Deus diz, Deus fará o que eu digo.

Como os santos do Antigo Testamento entendiam bem esta
ligação entre as palavras de Deus e as nossas, e como a oração deles era realmente a resposta amorosa àquilo que haviam ouvido
Deus falar! Se a palavra era uma promessa, eles contavam com
Deus para fazer aquilo que tinha dito. "Faze como Tu disseste."
"Porque Tu, ó Senhor, assim o disseste." "De acordo com a Tua
promessa!" "Conforme a Tua palavra." Expressões como essas
mostram que o que Deus falava em promessa era a raiz e a vida
daquilo que eles falavam em oração.

Se a palavra era um mandamento, eles simplesmente faziam
como o Senhor tinha falado. "Partiu, pois, Abrão, como lho or-
denara o Senhor" (Gn 12.4) A vida deles era de comunhão com
Deus, o intercâmbio entre palavra e pensamento. O que Deus falava, eles ouviam e faziam. O que eles falavam, Deus ouvia e fazia. Em cada palavra que Ele fala conosco, o Cristo todo Se dá a
Si mesmo para cumpri-la a nosso favor. E o que Ele nos pede é
tão somente que nos demos inteiramente para guardar cada palavra até receber a sua completa realização.

"Se as minhas palavras permanecerem em vós." A condição é simples e clara. A Sua vontade é revelada nas Suas palavras. À medida que as Suas palavras permanecerem em mim, a Sua vontade me guiará. Minha vontade se torna o vaso vazio que a Sua vontade enche, o instrumento voluntário que a Sua vontade domina. Ele enche o meu ser interior. No exercício da obediência e da fé, a minha vontade se torna cada vez mais forte e é levada a uma harmonia mais profunda e mais íntima com Ele. Ele pode confiar totalmente nela para que ela queira somente o que Ele quer. Ele não teme ao fazer a promessa: "Se as minhas palavras permanecerem em vós, pedireis o que quiserdes, e vos será feito". Ele fará dessa promessa uma verdade literal para todos aqueles que crerem nela e agirem com base nessa fé.

Discípulos de Cristo, não está se tornando cada vez mais claro que enquanto nos desculpamos pelas nossas orações não respondidas e nossa impotência na oração, e afirmamos uma submissão imaginária à sabedoria e à vontade de Deus, a verdadeira razão de nossas orações fracas tem sido a nossa vida fraca? Só a palavra que vem a nós da própria boca de Deus, e pela qual devíamos viver, pode fortalecer os homens. É a palavra de Cristo, amada, vivida, permanecendo em nós, tornando-se, pela obediência e pela ação, parte do nosso próprio ser, que nos torna um com Cristo. É a palavra de Cristo que nos prepara espiritualmente para que toquemos em Deus e d'Ele nos apropriemos.

Tudo o que é do mundo desaparece; aquele que faz a vontade de Deus permanece para sempre. Unamos o nosso coração e a nossa vida às palavras de Cristo, as palavras nas quais Ele sempre Se dá a *Si mesmo*, o Salvador vivo e pessoal, e Sua promessa será a nossa rica experiência. "Se permanecerdes em mim, e as minhas palavras permanecerem em vós, pedireis o que quiserdes, e vos será feito."

"SENHOR, ensina-nos a orar."

Bendito Senhor, a Tua lição deste dia novamente me mostrou a minha tolice. Agora vejo por que não tenho orado com mais fé e eficiência. Eu estava mais ocupado em falar Contigo do que desejoso que Tu falasses comigo. Eu não entendia que o segredo da fé é este: a fé só existe na mesma proporção em que a Palavra Viva habita na minha alma.

A Tua palavra me ensinou tão claramente. "Todo homem, pois, seja pronto para ouvir, tardio para falar..." "Nem o teu coração se apresse a pronunciar palavra alguma diante de Deus." Senhor, ensina-me que é somente quando a Tua palavra toma conta da minha vida que as minhas palavras podem ser acolhidas no Teu coração; que a Tua palavra, se for um poder vivo dentro de mim, será um poder vivo Contigo. O que a Tua boca pronunciou a Tua mão executará.

Senhor, livra-me do ouvido incircunciso. Dá-me o ouvido aberto do aprendiz, despertado manhã após manhã para ouvir a voz do Pai. Assim como Tu falavas somente o que ouvias, que o meu falar seja o eco da Tua fala comigo. "Quando Moisés foi ao tabernáculo para falar com Ele, ele ouviu a voz d'Aquele que falava com ele do propiciatório." Senhor, que seja assim comigo também. Faze com que a vida e o caráter que trazem esta única marca, pelos quais as Tuas palavras permanecem e se manifestam, sejam a preparação para a bênção total: "Pedireis o que quiserdes, e vos será feito". Amém.

Lição 23

"Deis frutos, para que o Pai possa dar aquilo que pedis."

Obediência, o caminho
para o poder na oração

*Não fostes vós que me escolhestes a mim; pelo contrário,
eu vos escolhi a vós outros e vos designei para que vades e deis
fruto, e o vosso fruto permaneça; a fim de que tudo quanto pedirdes
ao Pai em meu nome, ele vo-lo conceda. – João 15.16*

Muito pode, por sua eficácia, a súplica do justo. – Tiago 5.16

A promessa do Pai de dar tudo o que Lhe pedirmos é mais uma vez renovada, e em tal conexão para nos mostrar a quem esta maravilhosa influência no conselho do Altíssimo é concedida. "Eu vos escolhi", diz o Mestre, "e vos designei para que vades e deis fruto, e o vosso fruto permaneça". Ele então acrescenta: "a fim de que tudo quanto pedirdes [aqueles que produzem frutos] ao Pai em meu nome, ele vo-lo conceda". Isso nada mais é do que a versão mais ampliada do que Ele disse com as palavras "se permanecerdes em mim". Ele disse que o objetivo dessa permanência é a produção de "fruto", "mais fruto" e "muito fruto". Nisto o Pai seria glorificado e a marca do discipulado seria evidenciada. Não é de admirar que agora Ele acrescente que onde a realidade da permanência é vista em fruto abundante e permanente, essa seria a condição para orar a fim de obter o que pedimos. A total consagração ao cumprimento do nosso chamado é a condição da oração eficaz. Esta é a chave para as bênçãos ilimitadas das maravilhosas promessas de Cristo relativas à oração.

Há cristãos temerosos de que tal afirmação esteja em contradição com a doutrina da graça gratuita. Mas certamente não com a graça gratuita bem compreendida, nem com tantas declarações que expressam a bendita palavra de Deus. Tomemos, por exemplo, as palavras de João: "...amemos... de fato e de verdade. E... perante ele, tranquilizaremos o nosso coração... e aquilo que pedimos dele recebemos, porque guardamos os seus mandamentos e fazemos diante dele o que lhe é agradável (1 Jo 3. 18-19, 22). Ou tomemos as palavras tantas vezes citadas de Tiago: "Muito pode, por sua eficácia, a súplica do justo". Isto é, um homem de quem, segundo a definição do Espírito Santo, pode ser dito: "... aquele que pratica a justiça é justo, assim como ele é justo" (1 Jo 3.7), a oração desse homem pode muito por sua eficácia.

Observe atentamente o espírito de tantos salmos com seu apelo confiante à integridade e justiça do suplicante. No salmo 18 Davi diz: Retribuiu-me o SENHOR, segundo a minha justiça, recompensou-me conforme a pureza das minhas mãos. (...) Também fui íntegro para com ele e me guardei da iniquidade. Daí retribuir-me o SENHOR, segundo a minha justiça... (Salmos 18.20, 23-24. Veja também Salmos 7.3-5; 15.1-2; 17.3, 6; 26.1-6; 119.121, 153.)

Se considerarmos com cuidado essas declarações à luz do Novo Testamento, veremos que elas estão em perfeita harmonia com o ensinamento claro do Salvador nas Suas palavras de despedida: "Se guardardes os meus mandamentos, permanecereis no meu amor" (Jo 15.10), e "Vós sois meus amigos, se fazeis o que eu vos mando" (Jo 15.14). Na verdade, as palavras significam literalmente: "Eu vos escolhi a vós outros e vos designei para que vades e deis fruto... a fim de que tudo quanto pedirdes ao Pai em meu nome, ele vo-lo conceda".

Procuremos entrar no espírito do que o Salvador nos ensina aqui. Há um perigo no meio evangélico de, por um lado, concentrar-se demais no que é oferecido, como se certas experiências devem ser obtidas por meio de oração e fé. Mas, por outro lado, há um aspecto que a Palavra de Deus enfatiza fortemente: o da obediência como o único caminho da bênção. Temos de compreender que em nosso relacionamento com o Ser infinito que chamamos de Deus, que nos criou e redimiu, o primeiro sentimento que deve ser despertado em nós é o de sujeição. A entrega à Sua soberania, Sua glória, Sua vontade, Seu prazer deve ser o primeiro e mais elevado pensamento de nossa vida.

A questão não é como obter e desfrutar Seu favor, pois tal atitude ainda demonstra preocupação consigo mesmo. Mas o que esse Ser, na própria natureza das coisas, corretamente reivindica, sendo infinita e inefavelmente digno disso, é que Sua glória e prazer sejam meu único objetivo. Render-se à Sua perfeita e bendita vontade, uma vida de serviço e obediência, é a beleza e o encanto do céu. Serviço e obediência – são esses os pensamentos que foram importantes na mente do Filho quando habitava na Terra. Serviço e obediência – esses devem ser nosso principal alvo e objeto de desejo, mais do que descanso ou luz, mais do que alegria ou força. Neles encontraremos o caminho para todas as mais sublimes bênçãos que nos aguardam.

Apenas observe o lugar de importância que o Mestre dá a isso, não apenas no décimo quinto capítulo, em que faz relação com o permanecer, mas no décimo quarto, em que fala da habitação do Deus Trino. O verso 15 e o 16 dizem: "Se me amais, guardareis os meus mandamentos. E eu rogarei ao Pai, e ele vos dará outro Consolador". E o verso 21 diz: "Aquele que tem os meus mandamentos e os guarda, esse é o que me ama". Ele terá o amor especial do Pai repousando sobre ele e a especial manifestação de Cristo. E novamente, no verso 23, temos uma das mais elevadas, superiores e preciosas promessas: "Se alguém me ama, guardará a minha palavra; e meu Pai o amará, e viremos para ele e faremos nele morada". Que palavras poderiam expressar melhor e mais claramente que a obediência é o caminho para a habitação do Espírito, para a revelação de Seu Filho dentro de nós, para estarmos preparados para ser a morada, a habitação do Pai? A habitação do Trino Deus é a herança daqueles que obedecem. A obediência e a fé são apenas dois aspectos de uma mesma ação, o render-se a Deus e à Sua vontade. Assim como a fé é fortalecida pela obediência, esta por sua vez é fortalecida pela fé. A fé é aperfeiçoada pelas obras. É preocupante que muitas vezes nossos esforços para crer têm sido ineficazes porque não tomamos a única posição para legitimar ou possibilitar uma grande fé, a posição de completa entrega à honra e à vontade de Deus. É o homem que se consagra totalmente a Deus e à Sua vontade que receberá o poder para reivindicar tudo que Seu Deus lhe tem prometido.

A aplicação disso na escola de oração é muito simples, mas muito solene. "Eu vos escolhi a vós outros", disse o Mestre, "e vos designei para que vades e deis fruto [muito fruto] e o vosso fruto permaneça [para que sua vida seja uma vida de fruto que permanece e de frutificação permanente]; a fim de que [portanto, como ramos frutíferos que permanecem em mim] tudo quanto pedirdes ao Pai em meu nome, ele vo-lo conceda".

Ó, quantas vezes buscamos ser capazes de orar a oração eficaz para obter graça para produzir fruto e nos indagamos por que a resposta não vem. Foi porque invertemos a ordem do Mestre. Queríamos primeiro obter o conforto, a alegria e a força, para que pudéssemos fazer a obra facilmente e sem nenhum sentimento de dificuldade ou de autossacrifício. E Ele queria que nós, pela fé, sem indagar se nos sentíamos fracos ou fortes, se a obra era difícil ou fácil, e pela obediência da fé, fizéssemos o que Ele disse. O caminho para produzir fruto nos levaria ao lugar e ao poder da oração que prevalece.

A obediência é o único caminho que leva à glória de Deus. Não obediência no lugar da fé, nem obediência que supre as deficiências da fé. Não, a obediência da fé dá acesso a todas as bênçãos que nosso Deus tem para nós. O batismo no Espírito (14.16), a manifestação do Filho (14.21), a habitação do Pai (14.23), a permanência no amor de Cristo (15.10), o privilégio de Sua santa amizade (15.14) e o poder da oração que sempre prevalece (15.16), tudo isso está à espera do cristão obediente.

Levemos as lições para casa. Agora sabemos o grande motivo por que não tivemos poder nem fé para orar a oração que prevalece. Nossa vida não foi como deveria ter sido. Obediência simples e direta e frutificação permanente não foram suas principais características. E com todo nosso coração aprovamos a designação divina. Homens a quem o Senhor concede tanta influência no governo do mundo, que seu pedido realiza o que de outra forma não aconteceria, homens cuja vontade vai direcionar o caminho pelo qual a vontade de Deus será feita têm de ser homens que aprenderam eles mesmos a obediência, cuja lealdade e submissão à autoridade têm de estar acima de qualquer suspeita. Toda nossa alma aprova a lei da obediência e da frutificação como o caminho que leva para a oração que prevalece. E com vergonha reconhecemos como estamos longe de estampar essa marca em nossa vida.

Vamos nos render e assumir a designação que o Salvador nos dá. Estudemos Sua relação conosco como Mestre. Que a cada novo dia não busquemos mais pensar em conforto, alegria ou bênção em primeiro lugar. Que nosso primeiro pensamento seja: eu pertenço ao Mestre. A cada momento e em todo movimento devo agir como Sua propriedade, como parte d'Ele mesmo, como aquele que busca conhecer e fazer Sua vontade. Um servo, um escravo de Jesus Cristo, que seja esse o espírito que me anima. Se Ele diz: "Já não vos chamo servos, mas tenho-vos chamado amigos", vamos assumir o lugar de amigos. "Vós sois meus amigos, se fazeis o que eu vos mando."

A única coisa que Ele nos recomenda como Seus ramos é produzir fruto. Vivamos para abençoar outros, para testificar da vida e do amor que há em Jesus. Em fé e obediência vamos dar toda nossa vida para o que Jesus nos escolheu e para o que nos designou – para produzir fruto. À medida que meditamos em como nos elegeu para isso, e assumimos nossa designação como proveniente de Deus, que sempre concede tudo que pedimos, crescerá fortemente em nós a confiança de que a vida que produz frutos, abundantes e duradouros, está ao nosso alcance. E entenderemos por que somente esse frutificar pode ser o caminho para o lugar da oração que sempre prevalece. É para quem, em obediência ao Cristo de Deus, está demonstrando que faz o que seu Senhor deseja que o Pai fará tudo que ele desejar. "... e aquilo que pedimos dele recebemos, porque guardamos os seus mandamentos e fazemos diante dele o que lhe é agradável " (1 Jo 3.22).

"SENHOR, ensina-nos a orar."

Bendito Mestre! Ensina-me a compreender totalmente o que eu apenas compreendo em parte, que é somente por meio da vontade de Deus, aceita e realizada em obediência aos Seus mandamentos que nós obtemos o poder para entender Sua vontade em Suas promessas e apropriarmo-nos totalmente delas em nossas orações. E ensina-me que é percorrendo o caminho da frutificação que o crescimento mais profundo dos ramos na videira pode ser aperfeiçoado, e obtemos aquela perfeita unidade Contigo mesmo por meio da qual pediremos tudo que quisermos.

Ó Senhor, revela-nos, nós rogamos a Ti, como aconteceu com todos os exércitos do céu, com Teu Filho na Terra e com todos os homens de fé que glorificaram a Ti na Terra, que a obediência a Deus é nosso mais alto privilégio, porque dá acesso para sermos um com Ele mesmo naquilo que é Sua glória mais elevada – Sua completa e perfeita vontade. E revela-nos, rogamos a Ti, como, ao guardar Teus mandamentos e produzir frutos de acordo com Tua vontade, nossa natureza espiritual crescerá para atingir a plena estatura de homem perfeito, com poder para pedir e receber tudo que quisermos.

Ó Senhor Jesus! Revela-Te a nós e a realidade de Teu propósito e de Teu poder para tornar essas Tuas maravilhosas promessas a experiência diária de todos aqueles que se rendem totalmente a Ti e às Tuas palavras. Amém.

Lição 24

"Em meu nome."

A súplica que prevalece sempre

E tudo quanto pedirdes em meu nome, isso farei… Se me pedirdes alguma coisa em meu nome, eu o farei… a fim de que tudo quanto pedirdes ao Pai em meu nome, ele vo-lo conceda. Em verdade, em verdade vos digo: se pedirdes alguma coisa ao Pai, ele vo-lo concederá em meu nome. Até agora nada tendes pedido em meu nome; pedi e recebereis… Naquele dia, pedireis em meu nome… – João 14.13-14; 15.16; 16.23-24, 26

Até então os discípulos nada haviam pedido no nome de Cristo, nem Ele mesmo ainda havia utilizado a expressão. O mais próximo disso é "reunidos em meu nome" (Mt 18.20). Agora em Suas palavras de despedida Ele repete a expressão vez após vez relacionando-a com as promessas de valor ilimitado, "tudo", "alguma coisa" e "o que quiserdes", a fim de ensiná-los e a nós que Seu nome é somente nosso, e também que nossa súplica é totalmente suficiente. O poder da oração e a resposta dependem do uso correto do nome.

Que significa o nome de alguém? É a palavra ou expressão pela qual a pessoa é lembrada ou apresentada a nós. Quando menciono ou ouço um nome, ele traz à minha lembrança toda a pessoa, o que eu sei sobre ela e também a impressão que causou em mim. O nome de um rei inclui sua honra, seu poder e seu reino. Seu nome é o símbolo de seu poder. E assim cada nome de Deus encarna ou representa alguma parte da glória desse Ser invisível. E o nome de Cristo é a expressão de tudo o que Ele fez e tudo que Ele é e vive para fazer como nosso mediador.

E o que significa fazer algo em nome de outro? É ir com o poder e a autoridade do outro, como seu representante e substituto. Sabemos que o uso do nome de outro sempre supõe uma afinidade de interesses. Ninguém permitiria a outro utilizar livremente seu nome sem primeiro certificar-se de que sua honra e interesse estariam tão seguros com ele quanto consigo mesmo.

E o que significa quando Jesus nos dá o poder sobre Seu nome, seu livre uso, com a certeza de que tudo quanto pedirmos nos será dado? A comparação comum de uma pessoa concedendo a outra, em alguma ocasião especial, a liberdade para pedir algo em seu nome é inferior ao uso que nos é dado aqui do nome de Jesus. Jesus solenemente concede a todos os Seus discípulos um poder geral e ilimitado do livre uso de Seu nome em todos os momentos para tudo que desejarem. Ele não faria isso se não soubesse que poderia confiar a nós Seus interesses, que Sua honra estaria a salvo em nossas mãos. O livre uso do nome de outro é sempre sinal de grande confiança, de união íntima. Quem dá seu nome a outro sai do caminho para que o outro aja em seu lugar. Quem toma o nome de outra pessoa desconsidera o seu como se não tivesse valor algum. Quando me apresento no nome de outro, nego a mim mesmo. Eu me apodero não apenas de seu nome, mas dele mesmo e de tudo que ele é em detrimento de mim mesmo e do que sou.

Esse uso do nome de uma pessoa pode ocorrer em virtude uma união legal. Um comerciante, ao passar sua casa e negócios a um funcionário de confiança, concede-lhe um poder geral e legal por meio do qual pode sacar muito dinheiro em seu nome. O funcionário não deve fazer isso para si mesmo, mas somente nos interesses do negócio. É porque o comerciante conhece e confia na sua total devoção aos interesses e negócios do patrão que ele ousa colocar seu nome e propriedades aos cuidados do funcionário.

Quando o Senhor Jesus subiu aos céus, Ele deixou Seu trabalho, a gestão de Seu reino na Terra, nas mãos dos Seus servos. O que Ele poderia fazer a não ser dar-lhes também Seu nome para levantar todos os recursos necessários para o bom andamento de Seu negócio? E eles têm o poder espiritual para se valerem do nome de Jesus somente na medida em que se dispõem a si mesmos para viver apenas para os interesses e trabalho do Mestre. O uso do nome sempre implica a renúncia de nossos interesses em detrimento daquele a quem representamos.

Ou esse uso do nome pode ocorrer em virtude de uma união matrimonial. No caso do comerciante e seu funcionário, a união é temporária. Mas sabemos que a união pelo casamento na Terra significa unidade no nome. Uma criança tem o nome do pai porque deve a ele sua vida. E muitas vezes o filho de um bom pai é honrado ou ajudado por outros devido ao nome que carrega. Mas isso não duraria muito se descobrissem que não passava de um nome e que o caráter do pai deixava a desejar. O nome e o caráter ou espírito devem estar em harmonia. Quando isso acontecer, o filho receberá um duplo reconhecimento por parte dos amigos do pai. O caráter assegura e aumenta o amor e a estima recebecidos primeiramente por causa do nome.

O mesmo acontece com Jesus e o crente. Somos um. Temos uma vida, um Espírito com Ele. É por isso que podemos ir em Seu nome. Nosso poder para usar esse nome, seja com Deus, com os homens ou com os demônios, depende da medida de nossa união espiritual. O uso do nome se baseia na unidade de vida. O nome e o Espírito de Jesus são um. ("E tudo quanto pedirdes em meu nome", isto é, em Minha natureza, pois as coisas com Deus são ordenadas de acordo com Sua natureza. Nós pedimos em nome de Cristo, não quando no final de algum pedido dizemos: "Isso eu peço em nome de Jesus Cristo", mas quando oramos de acordo com Sua natureza, que é amor, que não busca seu próprio interesse, mas somente a vontade de Deus e o bem de todas as criaturas. Tal pedido é o clamor de Seu próprio Espírito em nosso coração – Jukes, *The New Man* [*O novo homem*].)

A união que confere poder para usar o nome pode ser uma união de amor. Quando uma noiva de origem humilde se une pelo matrimônio com o noivo, ela renuncia ao seu próprio nome para ser chamada pelo dele e passa a possuir pleno direito de usá-lo. Ela faz compras no nome dele, e aquele nome não é recusado. E isso ocorre porque o noivo a escolheu para si mesmo, contando com ela para cuidar de seus interesses. Eles são um agora.

E com o Noivo Celeste não poderia ser diferente. Tendo nos amado e nos feito um com Ele mesmo, que poderia fazer a não ser conceder àqueles que carregam Seu nome o direito de apresentá-lO diante do Pai, ou diante d'Ele mesmo, para obter tudo de que necessitam? E não existe um que se entregue de fato para viver em o nome de Jesus que não receba uma medida transbordante de capacidade espiritual para pedir e receber nesse nome o que quiser.

O ostentar do nome de outro implica desistir do meu próprio, como também de minha própria vida independente, mas depois, certamente, eu me aposso de tudo que há no nome que eu assumi no lugar do meu.

Essas ilustrações revelam quão imperfeita é a visão comum de um mensageiro enviado para pedir em nome de outro ou de um culpado apelando ao nome de um fiador. Não, o próprio Jesus está com o Pai; o nome que invocamos não é de alguém ausente. Mesmo quando oramos para o próprio Jesus, devemos fazê-lo em Seu nome. O nome representa a pessoa. Pedir no nome é pedir em plena união de interesse e vida e amor com Ele mesmo, como alguém que vive n'Ele e por Ele. Se somente o nome de Jesus tiver supremacia absoluta em meu coração e vida, minha fé crescerá na certeza de que o que peço nesse nome não pode ser recusado. O nome e o poder para pedir caminham juntos. Quando o nome de Jesus se tornar o poder que governa minha vida, seu poder com Deus em oração será manifesto também.

Vemos então que tudo depende de nosso próprio relacionamento com o nome. O poder que ele tem em minha própria vida é o poder que terá em minhas orações. Existe mais de uma expressão nas Escrituras que tornam isso claro para nós. Quando dizem: "E tudo o que fizerdes, fazei-o em nome do Senhor Jesus" (Cl 3.17), vemos como isso é a contraparte de "pedi tudo". Fazer tudo e pedir tudo em Seu nome caminham juntos. Quando lemos "andaremos em o nome do Senhor, nosso Deus" (Mq 4.5), vemos como o poder do nome deve governar toda nossa vida. Somente então é que haverá poder em oração. Deus olha não para os lábios, mas para a vida a fim de ver o que o nome significa para nós. Quando as Escrituras falam de "homens que têm exposto a vida pelo nome de nosso Senhor Jesus Cristo" (At 15.26), ou daquele que está pronto "para morrer pelo nome do Senhor Jesus" (At 21.13), vemos qual deve ser nosso relacionamento com o nome. Quando ele é tudo para mim, obterá tudo para mim. Se o permitir possuir tudo que eu possuo, permitir-me-á possuir tudo que ele possui.

"E tudo quanto pedirdes em meu nome, isso farei." Jesus refere-se literalmente à promessa. Os cristãos tentam limitá-la porque parece muito generoso. Não seria seguro confiar no homem de forma tão incondicional. Não compreendemos que a expressão "em meu nome" é sua própria proteção. É um poder espiritual que só pode usar quem se capacitou por meio de sua vida e atitude nesse nome. À medida que manifestamos esse nome diante dos homens, temos poder para usá-lo diante de Deus. Que roguemos ao Espírito Santo de Deus para nos revelar o significado do nome e seu uso correto. É pelo Espírito que o nome, o qual está acima de todo nome no céu, terá o lugar de supremacia em nosso coração e vida também.

Discípulos de Jesus! Que as lições de hoje entrem profundamente em seu coração. O Mestre diz: "Tão somente orai em meu nome e tudo quanto pedirdes vos será concedido". O céu está aberto para você, os tesouros e os poderes do mundo espiritual estão à sua disposição em favor dos homens ao seu redor. Venha e aprenda a orar em nome de Jesus.

Assim como disse aos discípulos, Ele nos diz: "Até agora nada tendes pedido em meu nome; pedi e recebereis". Que cada discípulo de Jesus busque conscientizar-se dos direitos de seu sacerdócio real e usar o poder colocado à sua disposição em favor das pessoas que o cercam e em favor de seu trabalho. Cristãos, despertem e ouçam a mensagem. Sua oração pode obter aquilo que de outra forma ficaria retido, pode realizar aquilo que de outra forma ficaria por fazer. Despertem e usem o nome de Jesus para abrir os tesouros do céu para este mundo que perece. Aprendam como servos do Rei a usar Seu nome. "E tudo quanto pedirdes em meu nome, *isso farei.*"

"SENHOR, ensina-nos a orar."

Bendito Senhor! É como se cada lição que Tu me ensinas tivesse tão pleno e profundo significado que se aprendesse apenas uma eu saberia orar corretamente. Hoje me sinto mais uma vez como se precisasse de somente uma oração todo dia. Senhor! Ensina-me o que é orar em Teu nome. Ensina-me então a viver e a agir, a caminhar e a falar, ensina-me a fazer tudo em o nome de Jesus, para que minha oração sempre seja neste bendito nome também.

E ensina-me, Senhor, a me apegar prontamente à preciosa promessa de que tudo que pedirmos em Teu nome, Tu nos farás, o Pai nos dará. Embora ainda não compreenda perfeitamente, e esteja longe de alcançar a maravilhosa união que Tu tinhas em mente quando disseste em meu nome, ainda assim me apegarei prontamente à promessa até que encha meu coração com a certeza absoluta: tudo em nome de Jesus.

Ó meu Senhor! Que Teu Espírito ensine-me isso. Tu disseste a Seu respeito: "O Consolador, a quem o Pai enviará **em meu nome**". *Ele sabe o que significa ser enviado do céu em Teu nome para revelar e para honrar o poder desse nome em Teus servos, para usar apenas esse nome, e assim Te glorificar. Senhor Jesus! Que Teu Espírito habite em mim e encha-me. Eu desejo e realmente submeto todo meu ser a Teu governo e liderança. Teu nome e Teu Espírito são um. Nele Teu nome será a força de minha vida e de minha oração. Então eu serei capaz, por causa de Teu nome, de esquecer tudo, em Teu nome falar para homens e para Deus e provar que esse é de fato o nome acima de todo nome.*

Senhor Jesus! Ensina-me pelo Teu Espírito a orar em Teu nome. Amém.

Nota

O que significa orar em nome de Cristo? Não pode significar somente apresentar-se diante de Deus com fé na mediação do Salvador. Quando os discípulos pediram a Jesus que os ensinasse a orar, Ele os supriu com petições. E depois Jesus lhes disse: "Até agora nada tendes pedido em meu nome". Até que o Espírito viesse, as sete petições da oração do Senhor permaneceram como que adormecidas dentro deles. Quando, pelo Espírito Santo, Cristo entrou em seu coração, eles desejaram as mesmas bênçãos que Cristo como nosso Sumo Sacerdote obtém para nós por Sua oração ao Pai.

E essas petições são sempre respondidas. O Pai sempre se dispõe a dar o que Cristo pede. O Espírito de Cristo sempre nos ensina e nos influencia a oferecer as petições que Cristo confirma e apresenta ao Pai. Orar em nome de Cristo é, portanto, identificar-se com Cristo como nossa justiça e identificar-se com Cristo em nosso desejo pela habitação do Espírito Santo. Orar no Espírito, orar de acordo com a vontade do Pai, orar no nome de Cristo são expressões idênticas. O próprio Pai nos ama e está disposto a nos ouvir: dois intercessores, Cristo, o Advogado acima, e o Espírito Santo, o Advogado dentro de nós, são as dádivas do Seu amor.

"Essa visão pode, a princípio, nos consolar menos do que a visão mais predominante, que se refere à oração em nome de Cristo principalmente como a nossa confiança nos méritos de Cristo. A falha desse ponto de vista é que ele não combina a intercessão do Salvador com a vontade do Pai, e a ajuda do Espírito, que habita em nós, na oração. Nem compreende perfeitamente a mediação de Cristo, pois ela não consiste simplesmente de que por amor a Cristo o Pai Santo é capaz de considerar a mim e minha oração, mas também de que o próprio Cristo apresenta minhas petições como Suas petições, desejadas por Ele em meu favor, mesmo que todas as bênçãos sejam compradas para mim pelo Seu precioso sangue.

"Em todas as orações a condição essencial é que sejamos capazes de oferecê-las em o nome de Jesus, de acordo com Seu desejo para nós, de acordo com a vontade do Pai, de acordo com o ensinamento do Espírito. E, portanto, orar em nome de Cristo é impossível sem autoexame, sem reflexão, sem autonegação, em resumo, sem a ajuda do Espírito" (Saphir, *The Lord's Prayer* [*A oração do Senhor*], p. 411-412).

Lição 25

"Naquele dia."

O Espírito Santo e a oração

*Naquele dia, nada me perguntareis.
Em verdade, em verdade vos digo: se pedirdes
alguma coisa ao Pai, ele vo-la concederá em
meu nome. Até agora nada tendes pedido em
meu nome; pedi e recebereis, para que a vossa
alegria seja completa. Naquele dia, pedireis em meu
nome; e não vos digo que rogarei ao Pai por vós.
Porque o próprio Pai vos ama... – João 16.23-24, 26-27*

*... orando no Espírito Santo, guardai-vos
no amor de Deus... – Judas 20-21*

As palavras de João (1 Jo 2.12-14) para os pequeninos, os jovens e os pais sugerem um pensamento de que na vida cristã frequentemente existem três principais fases de experiência. A primeira é a do novo nascimento, com a certeza e a alegria do perdão. A segunda é a fase de transição de luta e crescimento em sabedoria e força, jovens ficando fortes, a Palavra de Deus realizando sua obra neles e dando-lhes a vitória sobre o Maligno. A fase final é a de maturidade e frutificação, os pais, que entraram em um conhecimento e comunhão profundos com o Deus Eterno.

No ensinamento de Cristo sobre oração parecem existir três fases semelhantes na vida de oração. No Sermão da Montanha temos a fase inicial. Seu ensino pode ser completamente resumido em uma palavra, Pai. Orar a seu Pai. Seu Pai vê, ouve, sabe e recompensará, muito mais que qualquer pai terreno! Somente seja como criança e confie. Então, mais tarde surge algo semelhante à fase de transição de conflito e conquista nas seguintes palavras: "Mas esta casta não se expele senão por meio de oração e jejum, Não fará Deus justiça aos seus escolhidos, que a ele clamam dia e noite?".

E finalmente temos nas palavras de despedida uma fase mais avançada. As crianças tornaram-se homens. Agora são os amigos do Mestre, com quem Ele não tem segredos, a quem Ele diz: "Tudo quanto ouvi de meu Pai vos tenho dado a conhecer", e a quem, com a tantas vezes repetida "pedireis o que quiserdes", Ele entrega as chaves do reino. Agora chegou o momento em que o poder da oração em Seu nome deve ser provado.

Nosso Salvador assinala o contraste entre essa fase final e as fases preparatórias anteriores mais distintamente com as palavras em que iremos meditar agora: "Até agora nada tendes pedido em meu nome" e "Naquele dia, pedireis em meu nome".

Sabemos o significado de "naquele dia". É o dia do derrama-mento do Espírito Santo. A grande obra que Cristo estava para fazer na cruz, o grande poder e a vitória completa que estavam para se manifestar em Sua ressurreição e ascensão, teria seu ápice na descida do céu, como nunca antes, da glória de Deus para habitar nos homens. O Espírito de Jesus glorificado viria e Se tornaria a vida de Seus discípulos. E uma das características desta maravilhosa dispensação do Espírito seria o até então des-conhecido poder em oração – a oração no nome de Jesus. Pedir e obter tudo que quisessem seriam a manifestação da realidade da habitação do Espírito.

Para entender como a vinda do Espírito Santo iria de fato inaugurar uma nova época no mundo da oração, temos de lem-brar quem Ele é, o que Sua obra é e qual o significado de Ele não ter sido dado até que Jesus fosse glorificado. É pelo Espírito que Deus existe, pois Ele é Espírito. É pelo Espírito que o Filho foi ge-rado pelo Pai; é na comunhão do Espírito que o Pai e o Filho são um. O eterno e incessante dar ao Filho, que é a prerrogativa do Pai, e o eterno pedir e receber, que é o direito e a bem-aventu-rança do Filho, é pelo Espírito que essa comunicação de vida e de amor é mantida. Tem sido assim por toda a eternidade. É as-sim especialmente agora, quando o Filho, como mediador, vive para sempre para orar.

A grande obra que Jesus começou na Terra de reconciliar Deus e o homem em Seu próprio corpo Ele prossegue fazendo no céu. Para conseguir isso, Ele tomou sobre Sua própria pessoa o conflito entre a justiça de Deus e o nosso pecado. Na cruz, defi-nitivamente, pôs fim à luta por meio de Seu próprio corpo. E en-tão subiu aos céus para que pudesse de lá, em cada membro de Seu corpo, fazer a entrega e manifestar a vitória que Ele obtivera. É por isso que Ele vive para sempre para orar. Em Sua intercessão incessante Ele se coloca em comunhão viva com a oração incessante de Seus amados redimidos. Ou melhor, é Sua incessante intercessão que se revela na oração deles e lhes concede um poder nunca experimentado antes.

Ele faz isso por meio do Espírito Santo. O Espírito Santo, o Espírito de Jesus glorificado, não seria (Jo 7.39) nem poderia ser dado até que Ele fosse glorificado. Essa dádiva do Pai era algo totalmente novo, completamente diferente do que os santos do Antigo Testamento conheceram. A obra que o sangue efetuou no céu quando Cristo entrou além do véu foi algo tão verdadeiro e novo, a redenção de nossa natureza humana na comunhão com Seu poder de ressurreição e na Sua glória exaltada foi de tal maneira real, a introdução de nossa humanidade em Cristo na vida do Deus Trino foi um acontecimento de significado tão inconcebível, que o Espírito Santo, que viera da humanidade exaltada de Cristo para testificar em nosso coração o que Cristo realizara, na realidade não era mais o que Ele fora no Antigo Testamento.

Era literalmente verdade que "o Espírito Santo não fora dado, porque o Jesus não havia sido ainda glorificado". Ele veio agora como o Espírito de Jesus glorificado. Mesmo o Filho, que eternamente era Deus, entrara em uma nova existência como homem e retornara ao céu com algo que não tivera antes, para que o Bendito Espírito, que o Filho em Sua ascensão recebera do Pai (At 2.33) em Sua humanidade glorificada, viesse até nós com uma nova vida que Ele antes não tivera para comunicar. No Antigo Testamento Ele era invocado como o Espírito de Deus. No Pentecostes Ele desceu como o Espírito de Jesus glorificado, trazendo e comunicando a nós o fruto pleno e o poder da redenção obtida.

É pela intercessão de Cristo que a eficácia e aplicação contínuas de Sua redenção são mantidas. E é pelo Espírito Santo que desce de Cristo para nós que somos levados para dentro do grande fluxo de Suas incessantes orações. O Espírito ora por nós sem palavras. No profundo de nosso coração, onde às vezes os pensamentos nem foram formulados ainda, o Espírito nos leva para o maravilhoso fluir da vida do Deus Trino. Pelo Espírito as orações de Cristo tornam-se nossas, e as nossas se tornam d'Ele. Pedimos o que queremos e nos é dado. Aprendemos então a partir da experiência: "Até agora nada tendes pedido em meu nome. Naquele dia, pedireis em meu nome".

Irmão! O que precisamos para pedir e receber no nome de Cristo para que nossa alegria seja completa é o batismo de Seu Espírito Santo. Ele é diferente do Espírito de Deus do Antigo Testamento. Ele é mais do que o Espírito de conversão e resignação que os discípulos tiveram antes do Pentecostes. É mais do que o Espírito como uma medida de Sua influência e operação. É o Espírito Santo, o Espírito de Jesus glorificado em Seu poder exaltado, vindo a nós como o Espírito de Jesus habitando em nós, revelando o Filho e o Pai dentro de nós (Jo 14.16-23). É quando esse Espírito é o Espírito não de nossas horas de oração, mas de toda nossa vida e caminhada, quando esse Espírito glorifica Jesus em nós, revelando a plenitude de Sua obra e nos tornando um com Ele e como Ele, é que podemos orar em Seu nome porque somos de fato um com Ele. E assim temos um acesso imediato ao Pai do qual Jesus disse: "E não vos digo que rogarei ao Pai por vós".

Precisamos entender e crer que ser cheio com o Espírito do Glorificado é a única necessidade do povo de Deus. Então compreenderemos o que é "com toda oração e súplica, orando em todo tempo no Espírito" e o que é "orando no Espírito Santo, guardai-vos no amor de Deus". "Naquele dia, pedireis em meu nome."

E assim, mais uma vez aprendemos uma lição. Para que nossa oração prevaleça depende do que somos e do que nossa vida é. Viver em nome de Cristo é o segredo de orar em nome de Cristo, viver no Espírito é o que nos capacita a orar no Espírito. Permanecer em Cristo é o que nos dá o direito e o poder em oração. É o Espírito que habita em nós que ora, nem sempre com palavras e pensamentos, mas seu respirar em nós pode ser mais profundo do que expressões orais. Na mesma proporção em que o Espírito de Cristo está em nós, há verdadeira oração. Nossa vida, nossa vida, ó, que ela seja cheia de Cristo, e cheia de Seu Espírito, e as maravilhosas e ilimitadas promessas de oração não mais parecerão estranhas. "Até agora nada tendes pedido em meu nome; pedi e recebereis, para que a vossa alegria seja completa. Naquele dia, nada me perguntareis. Em verdade, em verdade vos digo: se pedirdes alguma coisa ao Pai, ele vo-la concederá em meu nome."

"SENHOR, ensina-nos a orar."

Ó meu Deus! Em santo temor me prostro diante de Ti, o Três-em-Um. Mais uma vez percebi como o mistério da oração é o mistério da Trindade Santa. Eu adoro o Pai que sempre ouve, o Filho que sempre vive para orar e o Espírito Santo, procedente do Pai e do Filho, que nos eleva à comunhão deste sempre bendito e incessante pedir e receber. Eu me prostro, meu Deus, em adoração reverente, diante da condescendência infinita que assim, pelo Espírito Santo, introduz a nós e as nossas orações na vida divina e de sua comunhão de amor.

Ó meu bendito Senhor Jesus! Ensina-me a entender Tua lição, que o Espírito que habita em meu interior, fluindo de Ti,

unido a Ti, é o Espírito de oração.
Ensina-me o que significa ser um vaso
vazio e totalmente consagrado, e render-
me para que Seu ser seja minha vida.
Ensina-me a honrar e confiar n'Ele como
uma Pessoa viva que dirige minha vida e
minha oração. Ensina-me especialmente
em oração a esperar em silêncio santo e a
dar lugar a Ele para soprar em mim Sua
intercessão inexprimível. E ensina-me
que por meio d'Ele é possível orar sem
cessar, e orar sem falhar, porque Ele nos
faz participantes da incessante e infalível
intercessão a qual Tu, o Filho, faz diante
do Pai. Sim, Senhor, cumpre em mim
Tua promessa: "Naquele dia, pedireis em
meu nome. Em verdade, em verdade vos
digo: se pedirdes alguma coisa ao Pai, ele
vo-la concederá em meu nome". Amém.

Nota

A oração é muitas vezes comparada à respiração. Temos somente de compreender plenamente a comparação para ver como é maravilhoso o lugar que o Espírito Santo ocupa. A cada respiração expelimos o ar impuro que logo causaria nossa morte e inalamos o ar fresco que nos devolve a vida. Então, soltamos de nós, em confissão de pecados, em oração, as necessidades e os desejos de nosso coração. E ao respirar novamente inalamos o ar fresco das promessas, do amor e da vida de Deus em Cristo. Fazemos isso pelo Espírito Santo, que é o fôlego de nossa vida.

Isso só acontece porque Ele é o sopro de Deus. O Pai O sopra em nós para unir a Si mesmo com nossa vida. E então, assim como após cada respiração acontece uma nova inalação ou tomada de fôlego, Deus sopra em nós Seu novo fôlego de vida, e o Espírito retorna a Ele levando os desejos e necessidades de nosso coração. E dessa forma o Espírito Santo é o fôlego da vida de Deus e o fôlego da nova vida em nós. À medida que Deus O assopra, nós O recebemos em resposta à oração. À medida que mais uma vez O expelimos de volta, Ele sobe para Deus levando nossas súplicas. Como o Espírito de Deus, no qual o Pai e o Filho são um e pelo qual a intercessão do Filho alcança o Pai, Ele é para nós o Espírito de oração. A verdadeira oração é a experiência viva da verdade da Trindade Santa. O fôlego do Espírito, a intercessão do Filho e a vontade do Pai, esses três se tornam um em nós.

Lição 26

"Eu roguei por ti"

Cristo, o Intercessor

*Eu, porém, roguei por ti, para
que a tua fé não desfaleça. – Lucas 22.32*

… e não vos digo que rogarei ao Pai por vós. – João 16.26

… vivendo sempre para interceder… – Hebreus 7.25

Todo crescimento na vida espiritual está relacionado com o entendimento mais claro do que Jesus significa para nós. Quanto mais eu compreendo que Cristo deve ser tudo para mim e em mim, que de fato tudo em Cristo é para mim, mais eu aprendo a viver a verdadeira vida de fé, em que, pela morte do eu, vivo totalmente em Cristo. A vida cristã deixa de ser o esforço vão para viver corretamente e passa a ser o descanso em Cristo e a força n'Ele, como nossa vida, para lutar a guerra e conquistar a vitória da fé. Isso se torna verdade especialmente na vida de oração. À medida que ela também se coloca somente debaixo da lei da fé e é vista à luz da plenitude e da perfeição que há em Jesus, o crente compreende que não há mais necessidade de força ou ansiedade, mas de experimentar o que Cristo fará por ele e nele e de participar da vida de Cristo que, na Terra como no céu, sempre sobe ao Pai em oração. Ele começa a orar não apenas confiando nos méritos de Jesus ou na intercessão pela qual nossas indignas orações se tornam aceitáveis, mas naquela união íntima e estreita pela qual Ele ora em nós e nós n'Ele.

(Note a diferença entre ter Cristo como intercessor que permanece fora de nós e tê-lO dentro de nós, permanecendo n'Ele e Ele em nós pelo Espírito Santo aperfeiçoando nossa união com Ele para que nós mesmos possamos ir diretamente ao Pai em Seu nome.)

Toda a salvação é o próprio Cristo: Ele deu a *Si mesmo* por nós; Ele mesmo vive em nós. Porque Ele ora, nós oramos também. Como os discípulos Lhe pediram que os tornasse participantes do que Ele sabia sobre oração quando O viram orar, assim também nós agora que O vimos como intercessor no trono sabemos que nos faz participantes com Ele mesmo da vida de oração.

Como isso se torna claro na última noite de Sua vida. Em Sua oração sacerdotal (Jo 17) Ele nos mostra como e o que Ele tem de orar ao Pai e orará uma vez ascendido ao céu. E ainda tantas vezes Ele, em seu discurso de despedida, relacionara Sua ida ao Pai com a nova vida de oração dos discípulos. As duas coisas seriam finalmente ligadas. Sua entrada no trabalho de eterna intercessão seria o início e o poder de sua nova vida de oração em Seu nome. É a visão de Jesus em Sua intercessão que nos dá o poder para orar em Seu nome; todo o direito e o poder da oração têm base no direito e poder de Cristo. Ele nos faz parte de Sua intercessão.

Para compreender isso, pense primeiro em Sua intercessão. Ele vive sempre para interceder. A obra de Cristo na Terra como sacerdote foi apenas um começo. Como Arão, Ele derramou Seu sangue; como Melquisedeque, Ele agora vive além do véu para continuar Sua obra segundo o poder da vida eterna. Assim como Melquisedeque é mais glorioso do que Arão, assim também é na obra de intercessão que a expiação tem seu verdadeiro poder e glória. "É Cristo Jesus quem morreu ou, antes, quem ressuscitou, o qual está à direita de Deus e também intercede por nós" (Rm 8.34). Essa intercessão é uma intensa realidade, uma obra que é absolutamente necessária, sem a qual a prática contínua da redenção não ocorre. Na encarnação e ressurreição de Jesus a maravilhosa reconciliação ocorreu, pela qual o homem se tornou participante da vida e bem-aventurança divinas. Mas a verdadeira e pessoal apropriação dessa reconciliação em cada um de Seus membros aqui na Terra não pode acontecer sem a prática incessante da vida divina pelo cabeça no céu.

Em toda conversão e santificação, em toda vitória sobre o pecado e o mundo há uma verdadeira manifestação do poder d'Aquele que é poderoso para salvar. E esse exercício de Seu poder somente ocorre por Sua oração. Ele pede ao Pai e recebe do Pai. "Por isso, também pode salvar totalmente os que por ele se chegam a Deus, vivendo sempre para interceder por eles." Não há uma necessidade de Seu povo, mas Ele recebe pela intercessão o que a Divindade tem para dar. Sua mediação no trono é tão real e indispensável quanto na cruz. Nada acontece sem Sua intercessão. Ela envolve todo Seu tempo e poderes, é Sua ocupação incessante à direita do Pai.

Nós participamos não somente dos benefícios de Sua obra, mas da própria obra. O motivo disso é porque somos Seu corpo. O corpo e os membros são um. "A cabeça não pode dizer aos pés: Não preciso de vós" (1 Co 12.21). Compartilhamos com Jesus em tudo que Ele é e tem. "Eu lhes tenho transmitido a glória que me tens dado" (Jo 17.22). Somos participantes de Sua vida, Sua justiça, Sua obra. Também compartilhamos com Ele em Sua intercessão; não é uma obra que realiza sem nós.

Fazemos isso porque somos participamos de Sua vida. "Cristo é a nossa vida" (Cl 3.4). "Não sou eu quem vive, mas Cristo vive em mim" (Gl 2.20). A vida n'Ele e em nós é idêntica, uma só e a mesma. Sua vida no céu é uma vida incessante de oração. Quando ela desce e toma conta de nós, não perde seu caráter. Em nós ela também é a incessante vida de oração, uma vida que não cessa de pedir e receber de Deus. Não é como se houvesse duas correntes separadas de oração subindo ao céu, uma d'Ele e outra de Seu povo. Não, a união substancial de vida é também união de oração. O que Ele ora passa por nós e o que nós oramos passa por Ele. Ele é o anjo com o incensário de ouro. "E foi-lhe dado muito incenso" (Ap 8.3). O segredo da oração aceitável é que Ele o oferece "com as orações de todos os santos sobre o altar de ouro". Nós vivemos e permanecemos n'Ele, no Intercessor.

O unigênito do Pai é o único que tem o direito de orar. Somente a Ele foi dito: "Pede, e eu Te darei". Assim como em todas as outras coisas a plenitude habita n'Ele, também a plenitude da verdadeira oração. Somente Ele tem o poder da oração. E assim como o crescimento da vida espiritual consiste na revelação mais clara de que todos os tesouros estão n'Ele e que nós também estamos n'Ele, para receber a cada momento o que possuímos n'Ele, graça sobre graça, assim também é na vida de oração. Nossa fé na intercessão de Jesus não deve ser somente que Ele ora em nosso lugar, quando não oramos ou não podemos orar, mas que, como o autor de nossa vida e de nossa fé, Ele nos leva a orar em união com Ele mesmo. Nossa oração deve ser uma obra de fé nesse sentido também, já que sabemos que assim como Jesus comunica toda Sua vida a nós, Ele também, a partir da devoção que é somente Sua, respira em nós nossa oração.

Para muitos crentes iniciou-se uma nova época em sua vida espiritual quando lhes foi revelado quão verdadeira e totalmente Cristo era sua vida, dando-lhes plena garantia de que permaneceriam fiéis e obedientes. Foi então que pela primeira vez eles realmente começaram a viver uma vida de fé. Não menos abençoada será a descoberta de que Cristo também é a garantia de nossa vida de oração, o centro e a personificação de toda oração, a ser comunicada por Ele ao Seu povo por meio do Espírito Santo.

"Vivendo sempre para interceder" como o cabeça do corpo, como o líder do novo e vivo caminho que Ele abriu como autor e consumador da nossa fé. Ele provê tudo para a vida de Seus redimidos colocando Sua própria vida dentro deles. Ele cuida de sua vida de oração levando-os a entrar em Sua vida celestial de oração, dando e mantendo Sua vida de oração dentro deles. "Eu, porém, roguei por ti" não para que sua fé se torne inútil, mas "para que a tua fé não desfaleça". Nossa fé e oração de fé têm sua raiz n'Ele. Isto é, "se permanecerdes em mim", no intercessor que vive para sempre, e orar Comigo e em Mim, "pedireis o que quiserdes, e vos será feito".

O pensamento de nossa comunhão com a intercessão de Jesus nos faz lembrar do que Ele nos ensinou mais de uma vez, como todas essas maravilhosas promessas de oração têm como alvo e motivação a glória de Deus na manifestação de Seu reino e na salvação dos pecadores. Enquanto orarmos somente por nós mesmos, as promessas da noite anterior devem permanecer como um livro lacrado para nós. É para o ramo da videira que produz frutos; é para os discípulos enviados ao mundo como o Pai O enviou, para viver pelos que perecem; é para Seus servos fiéis e amigos íntimos que assumem a obra que Ele deixou para fazer, que têm, como seu Senhor, se tornado como o grão de trigo, perdendo sua vida para multiplicá-la sobremaneira; é para esses que as promessas foram dadas. Que descubramos qual é a obra e quais as almas confiadas a nós pelas quais devemos especialmente orar. Que nossa intercessão por elas se torne nossa vida de comunhão com Deus, e assim veremos como as promessas de poder na oração tornam-se verdadeiras para nós, mas, acima de tudo, começaremos a compreender como nossa permanência em Cristo, e a de Cristo em nós, faz-nos participantes de Seu próprio gozo em abençoar e salvar vidas.

Ó maravilhosa intercessão de nosso Bendito Senhor Jesus, a quem não apenas devemos tudo, mas pela qual nos tornamos atuantes parceiros e cooperadores! Agora entendemos o que é orar em nome de Jesus e por que isso tem tanto poder. Em Seu nome, em Seu Espírito, n'Ele mesmo, em perfeita união com Ele. Ó maravilhosa, sempre atuante e muito eficaz intercessão do homem Cristo Jesus! Quando seremos totalmente absorvidos por isso, para orar sempre baseados nisso?

"SENHOR, ensina-nos a orar."

Bendito Senhor! Em humilde adoração eu me prostro diante de Ti mais uma vez. Tua obra completa de redenção se transformou em oração. Tudo em que Te ocupas agora, mantendo e dispensando o que Tu compraste com Teu sangue, é oração. Tu vives sempre para orar. E porque nós permanecemos em Ti, o acesso direto ao Pai está sempre aberto, nossa vida pode ser de oração incessante, e a resposta para nossa oração é certa.

Bendito Senhor! Tu convidaste Teu povo para ser Teus cooperadores na vida de oração. Tu uniste a Ti mesmo com Teu povo e fizeste que eles, como Teu corpo, compartilhassem Contigo deste ministério de intercessão somente pelo qual o mundo pode ser cheio com o fruto de Tua redenção e com a glória do Pai. Mais livre do que nunca eu venho a Ti, meu Senhor, e imploro a Ti, ensina-me a orar. Tua vida é oração, Tua vida é minha. Senhor! Ensina-me a orar, em Ti, como Tu.

E, ó meu Senhor!, concede-me especialmente o conhecimento, como Tu prometeste a Teus discípulos, de que Tu está no Pai, e eu estou em Ti, e Tu estás em mim. Que o poder de união do Espírito Santo faça toda minha vida permanecer em Ti e em Tua intercessão, para que minha oração seja seu eco, e o Pai me ouça em Ti e Tu em mim. Senhor Jesus! Que Tua mente em tudo esteja em mim e minha vida em tudo esteja em Ti. Assim estarei preparado para ser o canal pelo qual a intercessão derrama sua bênção no mundo. Amém.

Nota

A nova época de oração em nome de Jesus é denominada por Cristo como o derramamento do Espírito, pelo qual os discípulos obtêm um entendimento mais claro da economia da redenção e tornam-se mais conscientes tanto de sua união com Jesus como de sua união com o Pai. Sua oração em nome de Jesus é agora dirigida ao próprio Pai. "… e não vos digo que rogarei ao Pai por vós. Porque o próprio Pai vos ama", Jesus diz. Ele falara anteriormente deste tempo antes da vinda do Espírito: "E eu rogarei ao Pai, e ele vos dará outro Consolador". Portanto, essa oração traz como pensamento central a compreensão de nosso ser unido a Deus em Cristo como os dois lados do vivo vínculo de união entre Deus e nós ("eu neles, e tu em mim" – João 17.23), e assim em Jesus contemplamos o Pai como unido a nós e a nós mesmos como unidos ao Pai.

"Jesus Cristo deve ser revelado a nós não somente como uma verdade na mente, mas no mais profundo de nossa consciência como a viva reconciliação pessoal, como Aquele em quem a Paternidade de Deus e o amor de Pai foram perfeitamente unidos com a natureza humana e ela com Deus. Não que a mediação de Cristo seja colocada de lado assim que oramos ao Pai, mas ela não é mais considerada como algo externo, existindo fora de nós, mas como uma experiência viva e real dentro de nós, para que o Cristo que é por nós, o Mediador, realmente se torne Cristo em nós.

"Quando falta a consciência dessa unidade entre Deus em Cristo e nós em Cristo, ou quando é obscurecida pelo sentimento de culpa, a oração da fé olha para nosso Senhor como o advogado, que ora ao Pai por nós (compare João 16.26 com 14.16-17; Lucas 22.32; 1 João 2.1). Considerar Cristo como advogado em oração não é, de acordo com João 16.26, a mesma coisa que orar em Seu nome. Ter Cristo como nosso advogado significa ser introduzido numa permanente união de vida com Ele, porque Cristo é Aquele em quem o Pai entra imediatamente em relacionamento e une a Si mesmo conosco, e em quem nós, em todas as circunstâncias, entramos imediatamente em relacionamento com Deus.

Mesmo assim, a oração em nome de Jesus não consiste de nossa oração conforme Sua instrução. Os discípulos oraram assim desde que o Senhor lhes ensinara o "Pai Nosso", e mesmo assim Ele diz: "Até agora nada tendes pedido em meu nome". Somente quando a mediação de Cristo tornou-se vida e poder dentro de nós pela habitação do Espírito Santo, e Sua mente, como expressada em Sua palavra e obra, tomou posse e encheu nossa consciência e vontade para em fé e amor receber Jesus em nós como o Reconciliador que verdadeiramente nos fez um com Deus, somente então Seu nome, que inclui Sua natureza e Sua obra, tornou-se verdade e poder em nós (não somente para nós), e temos em nome de Jesus o acesso livre e direto ao Pai que certamente pode ser ouvido.

A oração em nome de Jesus é a liberdade de um filho com o Pai, assim como Jesus tinha isso como o unigênito do Pai. Oramos no lugar de Jesus, não como se pudéssemos colocar-nos em Seu lugar, mas considerando que nós estamos n'Ele e Ele em nós. Vamos diretamente ao Pai, mas somente porque o Pai está em Cristo, não porque estivesse separado de Cristo. Sempre que o homem interior não vive em Cristo e não O tem presente como o Deus vivo, sempre que Sua palavra não estiver governando o coração pelo poder de Seu Espírito, sempre que Sua verdade e vida não se tornarem a vida de nossa alma, é inútil pensar que uma fórmula como "por causa de Teu querido Filho" prevalecerá (Christliche Ethik (Ética cristã), Dr. I. T. Bock, Tübingen).

Lição 27

"Pai, a minha vontade."

Cristo, o Sumo Sacerdote

*Pai, a minha vontade é que onde eu estou,
estejam também comigo os que me deste... – João 17.24*

Na Sua mensagem de despedida Jesus dá aos Seus discípulos a revelação completa de como será a nova vida quando o Reino de Deus vier com poder. Na habitação do Espírito Santo, na união com Ele, a videira celestial, na sua saída para testemunhar e sofrer por Ele, eles encontrariam a sua vocação e a sua bem-aventurança. No meio de Sua exposição de como seria a sua futura nova vida, o Senhor repetidamente lhes deu as promessas mais ilimitadas sobre o poder que teriam as suas orações. Agora, no final, Ele mesmo se pôs a orar. Para dar aos Seus discípulos a alegria de saber como seria a Sua intercessão por eles como Sumo Sacerdote no céu, Ele lhes deixou este precioso legado da Sua oração ao Pai.

Ele o fez também porque eles, como sacerdotes, iriam participar da Sua obra de intercessão, e assim eles e nós aprenderíamos a executar este trabalho santo. Nesses ensinos que nosso Senhor deu na última noite com os discípulos aprendemos que estas maravilhosas orações-promessas não foram feitas em nosso favor, mas no interesse do Senhor e do Seu reino. É somente do próprio Senhor que podemos aprender o que é a oração feita em Seu nome e o que ela deve obter. Aprendemos que orar em Seu Nome é orar em perfeita unidade com Ele mesmo. A oração sacerdotal ensina tudo aquilo que se pode pedir e esperar da oração em nome de Jesus.

Essa oração normalmente é dividida em três partes. Em primeiro lugar, nosso Senhor ora por Si mesmo (vv. 1-5), depois por Seus discípulos (vv. 6-19) e finalmente por todas as pessoas que crerão através de todos os tempos (vv. 20-26). O discípulo de Jesus que se dedica ao ministério da intercessão e gostaria de pedir todas as bênçãos que puder sobre o seu círculo de relações em nome de Jesus, com toda a humildade, procurará ser levado pelo Espírito a estudar esta maravilhosa oração como uma das mais importantes lições da escola de oração.

Antes de tudo, Jesus ora por Si mesmo para que Ele seja glorificado, de tal modo que possa glorificar o Pai. "Pai! Glorifica o Teu Filho. E agora, Pai, glorifica-me." Ele apresenta os fundamentos nos quais Se baseia para orar desta maneira. Uma aliança santa fora realizada entre o Pai e o Filho no céu. O Pai lhe prometera poder sobre toda a carne como uma recompensa pela Sua obra. Ele havia realizado a obra, glorificara o Pai, e o Seu único objetivo agora é glorificá-lO ainda mais. Com a maior ousadia Ele pede que o Pai O glorifique, para que agora Ele possa ser e fazer pelos Seus discípulos tudo o que Se propusera.

Discípulo de Jesus! Eis aqui a primeira lição do seu curso de intercessão sacerdotal, a ser aprendida a partir do exemplo do seu grande Sumo Sacerdote. Orar em nome de Jesus é orar em unidade, em afinidade com Ele. Assim como o Filho começou Sua oração esclarecendo Seu relacionamento com o Pai, pleiteando Seu trabalho e Sua obediência e o Seu desejo de ver o Pai glorificado, você deve fazer da mesma forma.

Aproxime-se e apareça diante do Pai em Cristo. Apoie-se na obra completa que Ele realizou. Diga que você é um com ela, que você confia nela, que você vive nela. Diga que você também se deu a si mesmo para completar a obra que o Pai lhe deu para realizar, e para viver somente para a Sua glória. Então peça com confiança que o Filho seja glorificado em você. Isto é orar em nome de Jesus, ou seja, com as mesmas palavras, no Espírito de Jesus, em uníssono com o próprio Jesus. Tal oração tem poder.

Se você glorificar o Pai como Jesus, o Pai glorificará Jesus realizando o que você Lhe pede em Seu nome. É somente quando a sua própria relação pessoal neste ponto está clara com Deus, como era a de Jesus, quando você O está glorificando e fazendo tudo para a Sua glória, que você terá poder para interceder por aqueles ao seu redor, como Cristo tinha.

A seguir nosso Senhor ora pelo círculo dos Seus discípulos. Ele fala deles como aqueles que o Pai Lhe tinha dado. A maior característica deles é que haviam recebido a palavra de Cristo. Ele diz que agora os envia ao mundo em Seu lugar, assim como o Pai O enviara. Ele pede duas coisas para eles: que o Pai os livre do diabo e que os santifique pela Sua palavra, porque Ele mesmo Se santifica por eles.

Assim como o Senhor, cada intercessor cristão tem o seu círculo mais chegado por quem ora em primeiro lugar. Pais têm os seus filhos, professores os seus alunos, pastores o seu rebanho, todos os que trabalham têm laços especiais, todos os cristãos têm aqueles por quem seu coração pesa e se preocupa. É muito importante que a intercessão seja pessoal, objetiva e definida. Nossa primeira oração deve ser sempre para que recebam a palavra. Mas esta oração não funcionará a menos que, como nosso Senhor, possamos dizer: "Eu lhes tenho transmitido as palavras que me deste". É isso que nos dá liberdade e poder na intercessão pelas almas.

Não somente ore por eles, mas fale com eles. E quando tiverem recebido a palavra, oremos bastante para que sejam protegidos do diabo, para que sejam santificados por aquela palavra. Em vez de perdermos a esperança ou de os julgarmos, ou de desistirmos daqueles que caem, oremos pelas pessoas ao nosso redor: "Pai! Guarda-os em Teu nome. Santifica-os na Tua verdade". Oração em nome de Jesus vale muito. "Pedirdes o que quiserdes, e vos será feito."

A seguir a oração do nosso Senhor se estende a um círculo maior. "Não rogo somente por estes, mas também por aqueles que vierem a crer em mim por intermédio da sua palavra." Seu coração de sacerdote amplia-se para englobar todos os lugares e todos os tempos, e Ele ora para que todos os que pertencem a Ele em toda a parte sejam um, a prova divina ao mundo da divindade da Sua missão, e então para que estejam para sempre com Ele na Sua glória. Até então, "que o amor com que me amaste esteja neles, e eu neles esteja".

O discípulo de Jesus que tenha experimentado o poder da oração primeiramente em seu próprio círculo não pode confinar-se dentro destes limites. Ele ora pela Igreja universal e os seus ramos diferentes. Ele ora especialmente pela unidade do Espírito e do amor. Ele ora para que a Igreja seja unida em Cristo, como uma testemunha ao mundo de que Cristo, que realizou uma obra tão grande e tão maravilhosa a ponto de fazer o amor triunfar sobre o egoísmo e a separação, é na verdade o Filho de Deus enviado dos céus. Cada crente deve orar muito para que a unidade da Igreja seja manifesta, não em organizações exteriores, mas em espírito e em verdade.

Até aqui falamos sobre o assunto da oração. Agora vejamos o seu método. Jesus diz: *"Pai, a minha vontade"*. Baseado no Seu direito como Filho e na promessa do Pai para Ele e na Sua obra completada, Ele pôde falar assim. O Pai lhe dissera: "Pede-me, e eu te darei". Ele simplesmente utilizou a promessa do Pai. Jesus nos fez uma promessa semelhante. "Pedireis o que quiserdes, e vos será feito." Ele me ordena para dizer em Seu nome o que eu quero. Permanecendo n'Ele, em uma união viva com Ele na qual o homem é nada e Cristo é tudo, o discípulo tem liberdade de se apoiar na Sua palavra de Sumo Sacerdote e, em resposta à pergunta: "O que queres?" dizer: *"Pai! a minha vontade é receber* tudo o que prometeste". Isto nada mais é do que fé autêntica. Isto é honrar a Deus por estar certo de que tal confiança em dizer o que quero é verdadeiramente aceitável a Ele.

Inicialmente o nosso coração se encolhe com esta expressão; não sentimos nem a liberdade nem o poder para falar desse jeito. É uma palavra para a qual a graça será concedida somente na mais completa entrega da nossa vontade, mas cuja graça será concedida mais seguramente a cada um que entregar totalmente a sua vontade à vontade do Senhor. Aquele que perde a sua vontade encontrá-la-á; aquele que entrega totalmente a sua vontade encontrá-la-á novamente, renovada e fortalecida com poder divino. "Pai! A minha vontade." Esta é a marca da intercessão eterna, sempre eficaz e vitoriosa sobre todas as coisas, que nosso Senhor oferece incessantemente nos céus. Nossa oração só tem valor se for em uníssono com Ele. Em união com Ele, vale muito se tão somente permanecermos n'Ele, vivendo, andando e fazendo todas as coisas em Seu nome! Se apenas nos achegarmos e trouxermos cada petição em separado, testada e tocada pela Sua palavra e pelo Seu Espírito, e a lançarmos sobre a poderosa corrente de intercessão que emana d'Ele, para que seja elevada e apresentada diante do Pai, teremos a confiança completa que receberemos aquilo que pedimos. A frase "Pai! A minha vontade" nos será soprada pelo próprio Espírito. Nós nos abandonaremos totalmente n'Ele e nos aniquilaremos para descobrir que na nossa impotência temos poder para prevalecer.

Discípulos de Jesus! Chamados para ser semelhantes ao nosso Senhor na sua oração sacerdotal, quando, ó quando!, despertaremos para a glória, além de todo entendimento, deste nosso destino de pedir a Deus e prevalecer com Ele pelas pessoas que caminham para a morte? Quando é que nos sacudiremos da preguiça que se disfarça de humildade e nos entregaremos totalmente ao Espírito de Deus, para que Ele possa encher as nossas vontades com luz e com poder, para conhecer, tomar e possuir tudo aquilo que Deus está esperando para entregar a uma vontade que quer entrar em contato com Ele?

"SENHOR, ensina-me a orar."

Ó meu bendito sumo sacerdote! Quem sou eu para que me convides a participar Contigo no Teu poder de intercessão vitoriosa! E por que, ó meu Senhor, sou tão lento de coração para entender, crer e exercitar este privilégio maravilhoso para o qual Tu redimiste o Teu povo? Ó Senhor! Dá-me da Tua graça para que este seja cada vez mais o trabalho prioritário da minha vida, orando sem cessar para derramar as bênçãos dos céus em todos ao meu redor aqui na Terra.

Bendito Senhor! Venho agora aceitar este meu chamado. Em favor deste chamado abandono tudo para Te seguir. Nas Tuas mãos, crendo, eu entrego todo o meu ser. Forma-me, treina-me, inspira-me para que eu seja um dos teus legionários de oração, lutadores que vigiam e se esforçam em oração, príncipes de Israel, príncipes de Deus, que têm poder e prevalecem. Toma posse do meu coração e enche-o com o único desejo pela glória de Deus na colheita, santificação e união de todos aqueles que o Pai Te deu. Toma a minha mente e faze com que esta seja a minha meditação e a minha sabedoria, saber quando a oração pode trazer uma bênção. Toma-me inteiramente e coloca-me como um sacerdote que esteja sempre diante de Deus e que abençoe em Seu nome.

Bendito Senhor! Seja agora neste caso como é em toda a vida espiritual, que Tu sejas tudo e eu nada. Seja também a minha experiência de que aquele que nada tem, e nada busca para si, recebe tudo, até a graça maravilhosa de participar Contigo no Teu permanente ministério de intercessão. Amém.

Lição 28

"Pai! Não seja o que eu quero."

Cristo, o sacrifício

E dizia: Aba, Pai, tudo te é possível;
passa de mim este cálice; contudo, não seja o
que eu quero, e sim o que tu queres. – Marcos 14.36

Que contraste no espaço de tão poucas horas! Que mudança do tranquilo movimento de erguer os olhos ao céu e dizer: "Pai, a minha vontade", para o cair no chão e chorar em agonia: "Meu Pai, não seja o que eu quero". Por um lado vemos o sumo sacerdote dentro do véu em Sua intercessão que sempre prevalece, e por outro o sacrifício no altar abrindo o caminho através do véu rasgado. A oração sacerdotal "Pai, a minha vontade" precede no tempo a sacrificial "Pai, não seja o que eu quero". Porém, essa antecipação acontece somente para mostrar que haveria a intercessão assim que o sacrifício fosse trazido. Na realidade, é na oração no altar, "Pai, não seja o que eu quero", que a oração diante do trono, "Pai, a minha vontade", tem sua origem e seu poder. É a partir da total entrega de Sua vontade no Getsêmane que o sumo sacerdote no trono tem o poder de pedir o que Ele quiser e tem o direito de fazer Seu povo compartilhar desse poder também e pedir o que ele quiser.

Para todos os que querem aprender a orar na escola de Jesus a lição do Getsêmane é uma das mais sagradas e preciosas. Para um estudioso superficial, pode parecer que tira a coragem de orar em fé. Se mesmo a súplica mais fervorosa do Filho não seria ouvida, se mesmo o Amado teve de dizer "não seja o que eu quero!", quanto mais nós precisamos falar assim? E dessa forma parece impossível que as promessas que o Senhor dera somente algumas horas antes, "e tudo quanto pedirdes", "pedireis o que quiserdes", pudessem ter algum significado literal.

Um entendimento mais profundo do significado do Getsêmane nos ensinará que temos aqui a base firme e o caminho aberto para a certeza de uma resposta à nossa oração. Que nos acheguemos com atitude de reverência, adoração e admiração para contemplar esta grandiosa visão, o Filho de Deus oferecendo oração e súplicas com forte clamor e lágrimas e não obtendo o que pedia. Ele mesmo é nosso professor e desvendará para nós o mistério de Seu santo sacrifício, como revelado nessa oração maravilhosa.

Para entender a oração, notemos a infinita diferença entre o que nosso Senhor orou anteriormente como o real sumo sacerdote e o que Ele aqui suplica em Sua fraqueza. Lá Ele orou pela glorificação do Pai e pela glorificação de Si mesmo e de Seu povo em cumprimento das promessas específicas que Lhe foram dadas. Sabendo que o que pedira estava de acordo com a palavra e a vontade do Pai, Ele pôde ousadamente dizer: "Pai, a minha vontade".

Aqui Ele ora por algo sobre o qual a vontade do Pai não está muito clara. No que Lhe concerne, é a vontade do Pai que Ele beba o cálice. Ele falara com os Seus discípulos a respeito do cálice que deveria beber. Pouco tempo depois, Ele diria novamente: "Não beberei, porventura, o cálice que o Pai me deu?". Fora para isso que Ele viera à Terra. Mas na agonia indizível de alma que irrompeu sobre Ele, quando os poderes das trevas o acometeram e Ele começou a provar as primeiras gotas da morte como a ira de Deus contra o pecado, Sua natureza humana, como que estarrecida diante da terrível realidade de tornar-se uma maldição, deu expressão a este choro de angústia chegando a desejar que, se o propósito de Deus pudesse ser cumprido sem isso, Ele fosse poupado daquele cálice terrível.

"Passe de mim esse cálice." Esse desejo era a evidência da intensa realidade de Sua humanidade. O "não seja o que eu quero" impediu o desejo de ser pecaminoso. Enquanto Ele suplicantemente clama "tudo te é possível" e retorna novamente à oração ainda mais fervorosa para que o cálice fosse removido, é Sua intensa declaração "não seja o que eu quero" que constitui a própria essência e valor de Seu sacrifício. Ele pedira algo sobre o qual não podia dizer: "Eu sei que é Tua vontade". Ele suplicara pelo poder e amor de Deus e depois retirara isso ao finalizar com "seja feita a Tua vontade". A oração para que se passasse o cálice não poderia ser aceita. A oração de submissão para que a vontade de Deus fosse feita foi ouvida e gloriosamente respondida com Sua primeira vitória sobre o medo, e depois sobre o poder da morte.

É nessa negação da Sua vontade, dessa completa entrega de

Sua vontade à vontade do Pai, que a obediência de Cristo alcançou sua mais alta perfeição. É do sacrifício da vontade no Getsêmane que o sacrifício da vida no Calvário deriva seu valor. É aqui, como dizem as Escrituras, que Ele aprendeu a obediência e tornou-se autor de eterna salvação para todos que O obedecem. Foi porque Ele ali, naquela oração, tornou-se obediente até a morte, mesmo a morte de cruz, que Deus O exaltou gloriosamente e deu a Ele o poder de pedir o que quisesse. Foi naquele "Pai, não seja o que eu quero" que Ele obteve o poder para o outro "Pai, minha vontade". Foi devido à submissão de Cristo no Getsêmane em não ter Sua vontade feita que Ele assegurou para Seu povo o direito de dizer-lhes: "Pedirei tudo o que quiserdes".

Deixe-me olhar novamente para os profundos mistérios que o Getsêmane oferece à minha visão. O primeiro é que o Pai oferece a seu muito amado Filho o cálice da ira. O segundo é que o Filho, sempre tão obediente, retrai-se e implora para que não tenha de bebê-lo. O terceiro é que o Pai não concede ao Filho Seu pedido e ainda Lhe dá o cálice. O último é que o Filho rende Sua vontade, fica contente que ela não seja feita e vai para o Calvário beber o cálice. Ó Getsêmane! Em ti eu vejo como meu Senhor pôde dar-me tão ilimitada certeza de resposta às minhas orações. Como ganhou essa garantia para mim ao consentir em não ter Sua petição respondida.

Essas verdades estão em harmonia com todo o esquema de redenção. Nosso Senhor sempre ganha para nós o oposto do que Ele sofreu. Ele foi preso para que pudéssemos ser livres. Foi feito pecado para que pudéssemos nos tornar a justiça de Deus. Morreu para que pudéssemos viver. Sofreu a maldição de Deus para que a bênção de Deus se tornasse nossa. Suportou não ter Sua oração respondida para que nossas orações pudessem obter respostas. Sim, Ele disse: "Não seja o que eu quero" para que Ele pudesse nos dizer: "Se permanecerdes em mim, pedireis o que quiserdes, e vos será feito".

"Se permanecerdes em mim." No Getsêmane as palavras adquirem nova força e profundidade. Cristo é nossa cabeça, que, como fiador, permanece em nosso lugar e suporta o que para sempre deveríamos ter suportado. Nós merecíamos que Deus ficasse surdo para nós e nunca escutasse nosso clamor. Cristo vem e sofre isso também por nós. Ele sofre o que nós merecíamos sofrer. Pelos nossos pecados Ele sofre sob a carga daquela oração não respondida. Mas agora Seu sofrimento me garante isto: o que Ele suportou é tirado de mim; Seu mérito obteve para mim a resposta para cada oração, se eu permanecer n'Ele.

Sim, n'Ele, na mesma proporção em que Ele se prostra lá no Getsêmane, eu devo permanecer. Como minha cabeça, Ele não somente uma vez sofreu por mim, mas para sempre vive em mim, respirando e operando Sua própria disposição em mim. O Espírito eterno, pelo qual Ele ofereceu a Si mesmo a Deus, é o Espírito que habita em mim também e me faz participante dessa mesma obediência e sacrifício da vontade de Deus. O Espírito me ensina a render minha vontade totalmente à vontade do Pai, a renunciá-la até mesmo diante da morte, em Cristo para ser morto para ela. De qualquer ideia, pensamento e vontade próprios, mesmo que aparentemente não seja algo pecaminoso, Ele me ensina a ter temor e fugir.

Ele abre meus ouvidos para esperar, com grande doçura e flexibilidade de alma, naquilo que o Pai tem dia a dia para me falar e ensinar. Ele me revela como a união com a vontade de Deus em amor é a união com o próprio Deus, como a renúncia total à vontade de Deus é a reivindicação do Pai, o exemplo do Filho e a verdadeira bem-aventurança da alma. Ele leva minha vontade a entrar em comunhão com a morte e a ressurreição de

Cristo; minha vontade morre n'Ele para se tornar viva novamente. Ele assopra Seu fôlego nela, como uma vontade renovada e despertada; um entendimento santo da perfeita vontade de Deus, uma alegria santa em entregá-la para ser um instrumento de Sua vontade, uma liberdade santa e poder para lançar mão da vontade de Deus para responder a oração. Com todo meu ser, aprendo a viver para os interesses de Deus e de Seu reino, para exercer o poder daquela vontade, crucificada, mas ressurreta novamente, em natureza e em oração, na Terra e no céu, com homens e com Deus.

Quanto mais profundamente eu entrar no "Pai! Não seja o que eu quero" do Getsêmane e n'Aquele que pronunciou isso, para permanecer n'Ele, mais pleno é meu acesso espiritual no poder de Seu "Pai, a minha vontade". E a alma experimenta que a vontade, que em tudo somente deseja a vontade de Deus, agora se torna inspirada com a força divina para desejar o que Deus deseja e para reivindicar o que foi prometido no nome de Jesus.

Ó, ouçamos a Cristo no Getsêmane a nos chamar: "Se permanecerdes em mim, pedireis o que quiserdes, e vos será feito". Ser uma só mente e espírito com Ele em Sua renúncia completa à vontade de Deus, viver como Ele em obediência e entrega ao Pai, isso é permanecer n'Ele. Esse é o segredo do poder em oração.

"SENHOR, ensina-nos a orar."

Bendito Senhor Jesus! O Getsêmane foi a escola onde Tu ensinaste a orar e a obedecer. É ainda a escola onde Tu levas todos os Teus discípulos que se dispõem a alegremente aprender a orar como Tu. Senhor! Ensina-me lá a orar em fé de que Tu tens feito expiação por nós e conquistado nossa vontade própria e pode de fato nos dar graça para orar como Tu.

Ó Cordeiro de Deus! Eu quero seguir a Ti para o Getsêmane, lá me tornar um Contigo e permanecer em Ti, pois Tu mesmo, diante da morte, renunciaste Tua vontade ao Pai. Contigo, por meio de Ti, em Ti, eu entrego minha vontade em absoluta e total renúncia à vontade do Pai. Consciente de minha própria fraqueza e do poder secreto com o qual a vontade própria insiste em novamente tomar seu lugar no trono. Eu reivindico em fé o poder de Tua vitória. Tu realmente triunfaste sobre ela e me livraste desse poder. Em Tua morte eu vivo diariamente.

Em Tua vida eu morro diariamente. Permanecendo em Ti, que minha vontade, pelo poder de Teu Espírito Eterno, seja apenas um instrumento afinado que se rende a cada toque da vontade de meu Deus. Com todo meu ser eu digo Contigo e em Ti: "Pai, não seja o que eu quero, e sim o que Tu queres".

E então, bendito Senhor, abra meu coração e que todo o Teu povo compreenda plenamente esta gloriosa verdade, que uma vontade rendida a Deus é uma vontade aceita por Deus para ser usada em Seu serviço para desejar, intencionar, determinar e querer o que estiver de acordo com a vontade de Deus. Uma vontade que, no poder do Espírito Santo, a habitação de Deus, deve exercer sua prerrogativa real em oração de ligar e desligar no céu e na Terra, de pedir tudo o que quiser e de dizer o que deve ser feito.

Ó Senhor Jesus! Ensina-me a orar. Amém.

Lição 29

"Se pedirmos segundo a sua vontade."

Nossa confiança em oração

E esta é a confiança que temos para com ele: que, se pedirmos alguma coisa segundo a sua vontade, ele nos ouve. E, se sabemos que ele nos ouve quanto ao que lhe pedimos, estamos certos de que obtemos os pedidos que lhe temos feito. – 1 João 5.14-15

Um dos maiores obstáculos à oração da fé, para muitos, é que não sabem se o que pedem está de acordo com a vontade de Deus. Enquanto estiverem em dúvida nesse ponto, não podem ter ousadia para pedir na confiança de que certamente receberão. Logo começam a pensar que, já que tornaram conhecidos seus pedidos e não obtiveram resposta, é melhor deixar que Deus faça isso de acordo com Seu belo prazer. As palavras de João, "se pedirmos alguma coisa segundo a sua vontade, ele nos ouve", segundo seu entendimento, garantem que a resposta à oração é impossível, porque não podem ter certeza do que seja verdadeiramente a vontade de Deus. Eles pensam na vontade de Deus como Seu conselho escondido; como pode o homem ser capaz de imaginar o que realmente é o propósito do Deus onisciente?

Isso é exatamente o contrário do que João tinha em mente ao escrever sua carta. Seu desejo era despertar em nós a ousadia, a confiança, a plena certeza de fé na oração. Ele diz: "E esta é a confiança que temos para com ele", que podemos dizer: "Pai, Tu sabes que sei que eu peço de acordo com a Tua vontade. E sei que Tu me ouves". "Esta é a confiança, que se pedirmos alguma coisa segundo a Sua vontade, Ele nos ouve." Por isso, Ele imediatamente acrescenta: "E, se sabemos que ele nos ouve quanto ao que pedimos, *estamos certos*", por essa fé, "de que obtemos", que agora enquanto oramos recebemos "os pedidos", as coisas específicas, "que lhe temos feito".

João supõe que quando nós oramos já discernimos que nossas orações estão de acordo com a vontade de Deus. É possível que estejam de acordo com a vontade de Deus e a resposta não venha imediatamente ou falte perseverança na oração da fé. Portanto, devemos nos sentir encorajados a perseverar e a ser fortalecidos na fé de que Ele nos diz que o que nos dá ousadia ou confiança em oração é que pedimos tudo de acordo com Sua vontade e Ele nos ouve. É claro que se nos sentimos inseguros se nossas petições estão ou não de acordo com Sua vontade, não podemos obter conforto no que Ele diz: "... estamos certos de que obtemos os pedidos que lhe temos feito".

É exatamente neste ponto que reside a dificuldade. Muitos cristãos dizem: "Eu não sei se o que eu desejo está de acordo com a vontade de Deus. A vontade de Deus é o propósito de Sua infinita sabedoria. É impossível saber se Ele não tem algo mais bem preparado para mim do que aquilo que desejo ou se não há algum razão para Ele reter o que pedi". Todo mundo percebe que, com tais pensamentos, a oração da fé, da qual Jesus disse: "... e tudo quanto pedirdes em oração, crendo, recebereis", transforma-se numa impossibilidade.

Há espaço para a oração de submissão e de confiança na sabedoria de Deus; mas a oração da fé é diferente. O grande erro aqui é que os filhos de Deus não creem realmente que é possível conhecer a vontade de Deus. Ou se creem nisso, não dedicam tempo e esforço para descobri-la. É necessário ver claramente de que forma o Pai leva o filho que espera docilmente para saber se sua petição está de acordo com Sua vontade. (Veja a ilustração disso nos trechos extraídos dos escritos de George Müller no final do livro.) É pela santa Palavra de Deus, recebida e guardada no coração, na vida, na vontade, e pelo Espírito Santo de Deus, aceito em Sua habitação e liderança, que aprenderemos como saber se nossas petições estão de acordo com Sua vontade.

Por meio da Palavra. Existe uma vontade secreta de Deus com a qual nós muitas vezes receamos que nossas orações estejam em desacordo. Não é segundo essa vontade de Deus, mas segundo Sua vontade revelada em Sua Palavra que temos de orar. Nossas noções do que a vontade secreta tenha decretado e como pode tornar as respostas de nossas orações impossíveis são na maioria das vezes muito errôneas. A fé infantil, como Ele deseja desenvolver em Seus filhos, simplesmente apega-se à garantia do Pai de que é Sua vontade ouvir a oração e fazer o que a fé em Sua Palavra deseja e concorda. Na Palavra, o Pai revelou por meio de Suas promessas gerais os grandes princípios de Sua vontade para com Seu povo. O filho tem de pegar a promessa e aplicá-la nas circunstâncias especiais de sua vida a que ela se refere. Tudo o que ele pede dentro dos limites daquela vontade revelada é possível saber estar de acordo com a vontade de Deus, e ele pode, com confiança, esperar por uma resposta. Em Sua Palavra, Deus nos concedeu a revelação de Sua vontade, as mais preciosas promessas de graça e poder, e as instruções pelas quais Ele e Seu povo conduzirão Seu plano e farão Sua obra. À medida que a fé se torna suficientemente forte e ousada para reivindicar o cumprimento da promessa geral em um caso específico, podemos ter a certeza de que nossas orações foram ouvidas. Elas estão de acordo com a vontade de Deus.

Vamos ilustrar isso com as palavras de João no versículo seguinte ao do texto lido: "Se alguém vir a seu irmão cometer pecado não para morte, pedirá, e Deus lhe dará vida" (1 Jo 5.16). Essa é a promessa geral, e o crente que suplica com base nessa promessa ora de acordo com a vontade de Deus. João queria encorajar esse crente para saber que ele tem a resposta de sua petição.

Mas a percepção da vontade de Deus é algo para ser discernido espiritualmente. Não se trata de uma questão de lógica que resolvemos mediante argumentos. Deus disse isso; eu devo ter isso. Nem todo cristão tem o mesmo dom ou vocação. Embora a vontade geral revelada na promessa seja a mesma para todos, há para cada pessoa uma vontade específica e diferente de acordo com o propósito de Deus. E aqui temos a sabedoria dos santos, para conhecer essa vontade específica de Deus para cada um, segundo a medida de graça dada a nós, e para pedir em oração apenas o que Deus preparou e tornou possível para cada um. É para transmitir essa sabedoria que o Espírito Santo habita em nós. A aplicação pessoal das promessas gerais da Palavra para nossas necessidades especiais, é para isso que a liderança do Espírito Santo nos é dada.

É a união do ensinamento da Palavra e do Espírito que muitos não compreendem, por isso existe uma dupla dificuldade para saber o que pode ser a vontade de Deus. Alguns buscam a vontade de Deus num sentimento ou convicção interior e preferem seguir a direção do Espírito sem a Palavra. Outros a buscam na Palavra, sem a liderança viva do Espírito Santo. Os dois devem andar juntos. Somente na Palavra e somente no Espírito, nesses dois, com toda certeza, podemos conhecer a vontade de Deus e aprender a orar de acordo com ela. No coração, a Palavra e o Espírito devem se encontrar. É somente pela habitação interior que podemos experimentar o ensinamento tanto da Palavra quanto do Espírito. A Palavra deve habitar ou permanecer em nós. O coração e a vida devem estar dia a dia debaixo de sua influência. Não é de fora, mas de dentro de nós que vem o despertar da Palavra pelo Espírito.

É somente quem entrega completa e totalmente sua vida à supremacia da Palavra e da vontade de Deus é que pode esperar discernir, em casos específicos, o que determinada palavra ou vontade lhe permite pedir com ousadia. O que acontece com a Palavra acontece com o Espírito. Se eu tiver a direção do Espírito em oração dando-me certeza de qual é a vontade de Deus, minha vida toda deve estar submissa a essa direção; somente assim a mente e o coração podem tornar-se espirituais e capazes de saber a vontade santa de Deus. É aquele que, pela Palavra e pelo Espírito, vive na vontade de Deus e a pratica que saberá orar segundo Sua vontade na confiança de que Ele nos ouve.

Os cristãos seriam capazes de perceber o prejuízo incalculável que fazem a si mesmos ao pensar que possivelmente porque sua oração não esteja de acordo com a vontade de Deus devem ficar satisfeitos sem uma resposta? A Palavra de Deus nos diz que o grande motivo por que nossas orações não são respondidas é que não oramos corretamente. "… pedi e não recebeis, porque pedis mal…" (Tg 4.3). Ao não conceder uma resposta, o Pai nos diz que há algo errado com nossa oração. Ele deseja que aprendamos a descobrir e a confessar isso, para depois nos ensinar a verdadeira oração da fé e que prevalece. Ele alcança Seu objetivo somente quando nos leva a ver que a razão de estar retendo a resposta é para nosso próprio bem e de nossa fé, ou nossa vida não seria o que deveria ser. Mas esse propósito de Deus é frustrado enquanto ficamos satisfeitos em dizer que é talvez porque minha oração não seja segundo Sua vontade que Ele de fato não me ouve.

Que cessemos de jogar a culpa de nossas orações sem resposta na vontade secreta de Deus, e sim no fato de não sabermos pedir. Que a palavra "pedi e não recebeis, porque pedis mal" sonde nosso coração e nossa vida para provar se realmente fazemos parte daqueles a quem Cristo deu Suas promessas de sempre obter resposta de oração. Que creiamos que temos condições de saber se nossa oração está de acordo com a vontade de Deus. Que entreguemos nosso coração para ter a palavra do Pai habitando ricamente nele, para ter a palavra de Cristo permanecendo em nós. Vivamos dia após dia com a unção que ensina todas as coisas. Que renunciemos a nós mesmos sem reservas ao Espírito Santo à medida que Ele nos ensina a permanecer em Cristo, a habitar na presença do Pai, e logo entenderemos como o amor do Pai anseia que o filho venha a conhecer Sua vontade e, na confiança de que essa vontade inclui tudo que Seu poder e amor prometeram fazer, saiba também que Ele ouve as petições que dirigimos a Ele. "E esta é a confiança que temos para com ele: que, se pedirmos alguma coisa segundo a sua vontade, ele nos ouve."

"SENHOR, ensina-nos a orar."

Bendito Mestre! Com todo meu coração agradeço a Ti por essa bendita lição, que o caminho para uma vida plena de respostas de oração é a vontade de Deus. Senhor, ensina-me a conhecer essa bendita vontade por meio de vivê-la, amá-la e sempre cumpri-la. Assim aprenderei a oferecer orações segundo essa vontade e a obter, pela harmonia delas com a bendita vontade de Deus, a ousadia em oração e a confiança para receber a resposta.

Pai! É Tua vontade que Teu filho possa gozar Tua presença e bênção. É Tua vontade que tudo na vida de Teu filho esteja de acordo com Tua vontade e que o Espírito Santo trabalhe isso nele. É Tua vontade que Teu filho viva uma experiência diária de respostas definidas de oração, para que goze contigo uma comunhão viva e direta. É Tua vontade que Teu nome possa ser glorificado em e por meio de Teus filhos, e isso acontecerá naqueles que confiam em Ti. Ó meu Pai! Que Tua vontade seja minha confiança em tudo que eu peço.

Bendito Salvador! Ensina-me a crer na glória dessa vontade. Ela é o amor eterno, que com poder divino opera seu propósito em cada vontade humana que se submete a ela. Senhor! Ensina-me isso. Tu podes fazer-me ver como cada promessa e cada mandamento da Palavra é de fato a vontade de Deus e que seu cumprimento é garantido a mim pelo próprio Deus. Que assim a vontade de Deus se torne a rocha segura na qual minha oração e minha certeza de resposta descansam para sempre.

Nota

Muitas vezes há grande confusão a respeito da vontade de Deus. As pessoas pensam que a vontade de Deus é algo inevitável. Mas não é bem assim. Deus deseja uma grande variedade de bênçãos para Seu povo, as quais nunca vêm a eles. Ele deseja isso ardentemente, mas Seu povo não, e por isso eles não as alcançam. Esse é o grande mistério da criação do homem com livre-arbítrio e também da renovação de sua vontade na redenção, que Deus quis tornar a execução de Sua vontade, em muitas coisas, dependente da vontade do homem. Da vontade de Deus revelada em Suas promessas somente será realizado aquilo que nossa fé reivindicar. A oração é o poder que faz acontecer aquilo que de outra forma não aconteceria. E fé é o poder pelo qual se decide o quanto da vontade Deus será feita em nós. Uma vez que Deus revela a uma alma o que Ele quer fazer por ela, a responsabilidade de executar essa vontade descansa sobre nós.

Alguns temem que isso significa colocar demasiado poder nas mãos do homem. Mas todo poder é colocado nas mãos do homem em Cristo Jesus. A chave de toda oração e de todo poder é d'Ele, e quando conseguimos entender que Ele está conosco assim como está com o Pai e que somos também um com Ele e um com o Pai, veremos como é natural, acertado e seguro que aqueles que permanecem n'Ele, como Ele permanece no Pai, recebam esse poder. É Cristo o Filho que tem o direito de pedir o que Ele quiser. É por meio de nossa permanência n'Ele e de Sua permanência em nós (uma realidade divina da qual temos tão pouco entendimento) que Seu Espírito coloca dentro de nós o que Ele quer pedir e obter por meio de nós. Nós oramos em Seu nome; as orações são na verdade tanto nossas quanto Suas.

Outros ainda temem que crer que a oração tem esse poder limita a liberdade e o amor de Deus. Ó, se tão somente soubéssemos como estamos limitando Sua liberdade e Seu amor por não permitirmos que Ele aja da única maneira que escolhe para agir, agora que nos levou à comunhão com Ele mesmo, por meio de nossas orações e fé.

Um irmão no ministério uma vez perguntou, durante uma conversa sobre esse assunto, se não haveria perigo de pensarmos que era nosso amor às almas e nossa vontade de vê-las abençoadas que iriam mover o amor de Deus e a vontade de Deus para abençoá-las. Não passaríamos apenas de grandes tubos de água pelos quais ela é transportada ao longo de morros e vales vindo de uma grande nascente nas montanhas e indo para uma cidade não muito distante dali. Apenas contemple esses tubos, foi minha resposta; eles não fizeram a água querer fluir lá de cima das montanhas, nem deram a ela o poder de abençoar e refrescar. Isso é próprio da natureza da água. Tudo que eles podem fazer é decidir qual direção ela deve tomar. Ao fazer isso, os habitantes da cidade disseram que queriam a bênção ali.

Da mesma forma, faz parte da natureza de Deus amar e abençoar. Descendo, sem cessar, lá de cima Seu amor anseia por vir com suas vivificantes e refrescantes correntes. Mas ele reservou à oração o direito de dizer para onde a bênção deve ir. Ele confiou ao Seu povo que crê a responsabilidade de levar águas vivas para os lugares secos. A vontade de Deus para abençoar depende da vontade do homem para dizer em que lugar a bênção deve descer. "... o que será honra para todos os seus santos" (Sl 149.9). "E esta é a confiança que temos para com ele: que, se pedirmos alguma coisa segundo a sua vontade, ele nos ouve. E, se sabemos que ele nos ouve quanto ao que pedimos, estamos certos de que obtemos os pedidos que lhe temos feito."

Lição 30

"Sacerdócio santo."

O ministério da intercessão

... para serdes sacerdócio santo, a fim de
oferecerdes sacrifícios espirituais agradáveis
a Deus por intermédio de Jesus Cristo. – 1 Pe 2.5

Mas vós sereis chamados sacerdotes do Senhor... – Isaías 61.6

"O Espírito do Senhor Deus está sobre mim, porque o Senhor me ungiu...". Essas são as palavras de Jesus em Isaías. Como fruto de Seu trabalho, todos os redimidos são sacerdotes, companheiros e participantes com Ele de Sua unção pelo Espírito como sumo sacerdote. "É como o óleo precioso sobre a cabeça, o qual desce para a barba, a barba de Arão, e desce para a gola de suas vestes." Assim como todo filho de Arão, cada membro do corpo de Jesus tem direito ao sacerdócio. Mas nem todos o exercitam; muitos estão ainda totalmente ignorantes disso. E é o mais alto privilégio de um filho de Deus, a principal característica de proximidade e semelhança com Aquele que "vive sempre para orar". Você duvida se é assim mesmo? Pense sobre o que consiste o sacerdócio.

Em primeiro lugar, existe o trabalho do sacerdócio. Ele tem dois aspectos: um para Deus, outro para o homem. "Porque todo sumo sacerdote, sendo tomado dentre os homens, é constituído nas coisas concernentes a Deus, a favor dos homens…" (Hb 5.1), ou como foi dito por Moisés: "Por esse mesmo tempo, o Senhor separou a tribo de Levi para levar a arca da Aliança do Senhor, para estar diante do Senhor, para o servir e para abençoar em seu nome até ao dia de hoje" (Dt 10.8 – veja também 21.5; 33.10; Ml 2.6). Por um lado, o sacerdote tinha poder para se achegar a Deus, para habitar com Ele em Sua casa, e para apresentar diante d'Ele o sangue do sacrifício ou queimar o incenso. Porém, ele não fazia esse trabalho em benefício próprio, mas em favor das pessoas de quem era o representante. Eis o outro aspecto de seu trabalho. Ele recebia da parte do povo seus sacrifícios, apresentava-os diante de Deus e depois saía para abençoar em Seu nome, para dar a garantia de Seu favor e para ensinar-lhes Sua lei.

Portanto, um sacerdote é uma pessoa que de forma alguma vive para si mesma. Ele vive com Deus e para Deus. Seu trabalho como servo de Deus é cuidar de Sua casa, Sua honra e Sua adoração, para tornar conhecido aos homens Seu amor e Sua vontade. Ele mora com os homens e em favor dos homens (Hb 5.2). Seu trabalho é revelar o pecado e a necessidade do povo, trazendo-os diante de Deus, para oferecer sacrifício e incenso no nome deles, para obter perdão e bênção para eles e depois sair e abençoá-los em Seu nome. Esse é o sublime chamamento de cada cristão. "… o que será honra para todos os seus santos." Foram redimidos com o único propósito de ser, entre os milhões que perecem ao seu redor, sacerdotes de Deus, os quais em conformidade com Jesus, o grande sumo sacerdote, devem ser os ministros e despenseiros da graça de Deus a todos à sua volta.

A seguir, temos a conduta do sacerdócio, em harmonia com seu trabalho. Como Deus é santo, assim o sacerdote foi chamado para ser especialmente santo. Isso não significa apenas separado de tudo que é impuro, mas santo para Deus, colocando-se à parte e entregue para Deus, ao Seu dispor. A separação do mundo e o colocar-se à parte para Deus foram indicados de várias maneiras.

A separação foi vista no vestuário. As vestes santas, feitas segundo as ordenanças do próprio Deus, caracterizaram os sacerdotes como pertencendo a Ele (Êx 28). Foi vista no mandamento a respeito de sua pureza especial, sendo livre de todo contato com mortos e contaminações (Lv 21.1). Muita coisa que era permitida a um israelita comum foi proibida aos sacerdotes. Foi vista na proibição em que o sacerdote não poderia ter nenhum defeito ou mancha no corpo; a perfeição corporal servia como figura da integridade e santidade no serviço do Senhor. E foi vista no acordo pelo qual a tribo dos sacerdotes não poderia ter nenhuma herança com as outras tribos. Deus deveria ser sua herança. Sua vida era para ser uma vida de fé. Colocados à parte para Deus, eles deveriam viver para Ele e por Ele.

Tudo isso representa o tipo de caráter que o sacerdote do Novo Testamento deve possuir. Nosso poder sacerdotal com Deus depende de nossa vida pessoal e conduta. Temos de ser um daqueles a cuja caminhada na Terra Jesus se referiu assim:

"Eles não contaminaram suas vestes".

Ao renunciar àquilo que parece legal para outros em nossa separação do mundo, devemos provar que nossa consagração ao Senhor é total e de todo coração. A perfeição corporal do sacerdote tem seu paralelo também com o fato de sermos "sem mácula nem ruga", "perfeito e perfeitamente habilitado para toda boa obra", "perfeitos e íntegros, em nada deficientes" (Lv 21.17-21; Ef 5.27; 2 Tm 3.17; Tg 1.4). E, acima de tudo, com nosso consentimento de abrir mão de toda herança na Terra, de esquecer tudo, e como Cristo ter somente a Deus como nossa porção. Possuir como se não possuísse e oferecer tudo somente para Deus, é isso que caracteriza o verdadeiro sacerdote, o homem que vive somente para Deus e seus semelhantes.

E agora vejamos o caminho para o sacerdócio. Deus escolheu todos os filhos de Arão para serem sacerdotes. Cada um deles era um sacerdote por nascimento. Porém, ele não podia iniciar seu ministério sem um ato especial de ordenação, sua consagração. Todo filho de Deus é sacerdote por direito de nascimento, seu relacionamento de sangue com o grande sumo sacerdote Jesus, mas só isso não é suficiente. Ele exercerá seu poder somente se aceitar e compreender sua consagração.

Foi o que aconteceu com Arão e seus filhos (Êx 29). Depois de lavados e vestidos, foram ungidos com óleo santo. Sacrifícios foram oferecidos, e a orelha direita, a mão direita e o pé direito foram tocados com o sangue. Depois eles e suas vestes foram mais uma vez aspergidos com sangue misturado com óleo. Portanto, é quando o filho de Deus compreende mais profundamente o significado do *sangue* e do *Espírito*, dos quais ele já é participante, que o poder do sacerdócio santo operará nele. O sangue removerá todo senso de indignidade, e o Espírito, todo senso de incapacidade.

Notemos que há uma nova aplicação do sangue para o sacerdote. Se ele alguma vez trouxe, como penitente, um sacrifício por seu pecado, em busca de perdão, o sangue foi aspergido no altar, mas não sobre ele. Agora, porém, para a consagração sacerdotal, deveria haver um contato mais íntimo com o sangue. Orelha, mão e pé foram por um ato especial submetidos ao seu poder, e todo o ser possuído e santificado para Deus.

Mesmo assim, quando o crente, que estava satisfeito apenas em pensar sobre o sangue aspergido no assento de misericórdia como algo que necessitava para perdão, é levado a buscar o completo acesso sacerdotal a Deus, ele sente a necessidade de uma experiência mais completa e mais permanente do poder do sangue, como verdadeira aspersão e limpeza do coração de toda má consciência, para que não tenha mais "consciência de pecado"(Hb 10.2). É à medida que consegue gozar isso que a consciência é despertada para este maravilhoso direito de acesso mais íntimo a Deus e de certeza completa de que suas intercessões foram aceitas.

Porque o sangue dá o direito, o Espírito dá o poder e capacita para a intercessão de fé. Ele coloca dentro de nós o espírito sacerdotal, o amor ardente pela honra de Deus e pela salvação de almas. Ele nos faz tão completamente unidos com Jesus que a oração em Seu nome torna-se uma realidade. Ele nos fortalece para praticar a oração da fé e inoportuna. Quanto mais o cristão é verdadeiramente cheio com o Espírito de Cristo, mais espontânea será a entrega de si mesmo para a vida de intercessão sacerdotal. Amados irmãos e companheiros! Deus necessita, e como necessita, de sacerdotes que se achegam a Ele, que vivem em Sua presença, e por meio de sua intercessão fazem descer sobre outros as bênçãos de Sua graça. E o mundo necessita, e como necessita, de sacerdotes que levam a carga dos que perecem, intercedendo por eles.

Você está disposto a oferecer-se para este santo trabalho? Você sabe o que vai lhe custar, nada menos do que, à semelhança de Cristo, abrir mão de tudo para que os salvíficos propósitos do amor de Deus possam ser cumpridos entre os homens. Ó, não faça mais como aqueles que estão satisfeitos em possuir salvação e fazem somente o suficiente para manterem-se vivos e sadios. Que nada o impeça de entregar a si mesmo para ser simples e somente sacerdote, nada mais e nada menos do que o sacerdote do Deus Altíssimo. Que o pensamento de indignidade e incapacidade não mais o detenha. Pelo sangue, o poder objetivo da completa redenção opera em você. Pelo Espírito, toda sua pessoal e subjetiva experiência de vida divina está garantida. O sangue comunica um valor infinito para tornar suas orações completamente aceitas. Sob a cobertura do sangue e do Espírito você tem a garantia de que todas as maravilhosas promessas de oração em nome de Jesus serão cumpridas em você.

Permanecendo em união com o grande sumo sacerdote, "pedireis o que quiserdes, e vos será feito". Você terá o poder para orar a oração do justo que muito pode em seus efeitos. Você não apenas fará parte da oração geral da Igreja pelo mundo, mas será capaz de, de acordo com sua capacidade, tomar posse de seu trabalho especial de oração, como sacerdote, negociando com Deus, para receber e saber a resposta, e assim abençoar em Seu nome. Venha, irmão, venha e seja um sacerdote, apenas e completamente um sacerdote. Busque agora andar na presença do Senhor em total consciência de que você foi separado para o santo ministério de intercessão. Essa é a verdadeira bem-aventurança de sermos conformados à imagem do Filho de Deus.

"SENHOR, ensina-nos a orar."

Ó, Tu, meu bendito sumo sacerdote, aceita a consagração pela qual minha alma agora corresponde à Tua mensagem.

Eu creio no santo sacerdócio de Teus santos, *e que eu também sou um sacerdote, com poder para me apresentar diante do Pai, e creio na oração que pode muito para trazer bênçãos para os que perecem ao meu redor.*

Eu creio no poder de Teu precioso sangue *para me limpar de todo pecado, para me dar perfeita confiança para com Deus e para me fazer chegar perto d'Ele com toda certeza de fé que minha intercessão será ouvida.*

Creio na unção do Espírito, *descendo diariamente de Ti, meu grande sumo sacerdote, para me santificar, para me encher com a consciência de meu chamamento sacerdotal e de amor pelas almas, para me ensinar o que está de acordo com a vontade de Deus e a como orar a oração da fé.*

Creio que assim como Tu, meu Senhor Jesus, és Tu mesmo em todas as coisas da minha vida, assim também és a garantia de minha vida de oração. *Tu mesmo irás me introduzir na comunhão de Teu maravilhoso trabalho de intercessão.*

Nessa fé, eu me rendo hoje ao meu Deus como um de Seus sacerdotes ungidos para permanecer perante os pecadores e sair a abençoá-los em Seu nome.

Santo Senhor Jesus! Aceita e sela minha consagração. Sim, Senhor, impõe Tuas mãos sobre mim, e Tu mesmo consagras-me para este Teu santo serviço. E que eu caminhe entre os homens com a consciência e o caráter de um sacerdote do Deus Altíssimo.

Àquele que nos amou, lavou-nos de nossos pecados em Seu próprio sangue e nos fez *reis e sacerdotes para Deus e Seu Pai, a Ele seja a glória e o domínio para sempre e sempre. Amém.*

Lição 31

"Orai sem cessar."

Uma vida de oração

Regozijai-vos sempre. Orai sem cessar.
Em tudo, dai graças… – 1 Tessalonicenses 5.16-18

Nosso Senhor contou a parábola da viúva e do juiz injusto para nos ensinar que os homens devem orar sempre e não desfalecer. Assim como a viúva perseverou em buscar uma coisa específica, a parábola parece se referir à oração que persevera por alguma bênção quando Deus demora ou parece recusá-la. As palavras nas epístolas, que falam de perseverar e vigiar em oração e de orar sempre no espírito, parecem se referir mais a uma vida inteira de oração. Quando a alma é cheia de anseio pela manifestação da glória de Deus para nós e em nós, por meio de nós e ao redor de nós, e cheia da confiança de que Ele ouve as orações de Seus filhos, a vida interior da alma sempre se eleva aos céus em dependência e fé com ardente desejo e confiante expectativa.

Ao finalizar nossas meditações, não será difícil dizer o que é necessário para viver uma vida de oração. A primeira coisa, sem dúvida, é o sacrifício total da vida para o reino e para a glória de Deus. Aquele que busca orar sem cessar porque quer ser muito piedoso e bom nunca conseguirá isso. É o esquecimento do eu e a entrega de nós mesmos para viver para Deus e Sua honra que dilata o coração, que nos ensina a considerar tudo à luz de Deus e de Sua vontade e indistintamente reconhece em tudo à nossa volta a necessidade da ajuda e da bênção de Deus e a oportunidade para que Ele seja glorificado. Porque tudo é pesado e provado pela única coisa que enche o coração, a glória de Deus, e porque a alma aprendeu que somente o que vem de Deus pode realmente ser para Ele e para Sua glória, toda a vida se torna uma busca, um clamor do mais profundo do coração por Deus para experimentar Seu poder e amor e assim demonstrar Sua glória.

O crente tem sua consciência despertada para ver que ele é um dos atalaias dos muros de Sião, um dos que lembram o Senhor, cujo grito realmente toca e move o Rei no céu para fazer o que de outra forma não seria feito. Ele entende a extensão da verdade da exortação de Paulo, "com toda oração e súplica, orando em todo tempo no Espírito e para isto vigiando com toda perseverança e súplica por todos os santos e também por mim" (Ef 6.18-19) e "perseverai na oração, suplicai, ao mesmo tempo, também por nós" (Cl 4.2-3). Esquecer de si mesmo e viver para Deus e Seu reino entre os homens é a maneira de aprender a orar sem cessar.

Uma vida devotada a Deus tem de ser acompanhada de uma profunda confiança de que nossa oração é eficaz. Vimos como nosso bendito Senhor insistiu, em Suas lições sobre oração, em nada mais do que fé no Pai como Deus que, com toda certeza, realiza o que pedimos. "Pedi, e dar-se-vos-á", esperando confiantemente por uma resposta, é para Ele o início e o fim de Seu ensinamento (compare Mateus 7.8 e João 16.24).

Nesta proporção, à medida que essa certeza nos domina, e se torna estabelecido o que nossas orações dizem e que Deus faz de fato o que pedimos, não ousamos negligenciar o uso desse poder maravilhoso. A alma volta-se totalmente para Deus e nossa vida se torna uma vida de oração. Vemos que o Senhor precisa e gasta tempo porque nós e tudo ao nosso redor somos criaturas do tempo, sujeitos à lei do crescimento. Mas se sabemos que nem uma simples oração de fé tem possibilidade de ser perdida, que há às vezes necessidade de reserva e acúmulo de oração, que a oração perseverante é irresistível, então a oração se torna o viver calmo e persistente de uma vida de desejo e fé na presença de nosso Deus.

Que não limitemos e enfraqueçamos por meio de nosso raciocínio estas livres e seguras promessas do Deus vivo, roubando-lhes seu poder e privando-nos da maravilhosa confiança que elas devem nos inspirar. O impedimento não está em Deus, em Sua secreta vontade, nas limitações de Suas promessas, mas em nós, em nós mesmos. Não nos comportamos como devemos para obter a promessa. Que abramos todo nosso coração às palavras das promessas de Deus com toda sua simplicidade e verdade. Elas nos sondarão e nos humilharão, elas nos levantarão e nos farão felizes e fortes. E à fé que sabe que recebe o que pede a oração não é um trabalho ou um peso, mas uma alegria e um triunfo. Torna-se uma necessidade e uma segunda natureza.

Essa união de forte desejo e firme confiança nada mais é do que a vida do Espírito Santo dentro de nós. O Espírito Santo habita em nós, esconde-se nas profundezas de nosso ser e desperta o desejo pelo invisível e divino, pelo próprio Deus. Agora com gemidos que não podem ser exprimidos, depois com clara e consciente certeza. Agora com petições claras por uma revelação mais profunda de Cristo a nós mesmos, depois com súplicas por uma alma, uma obra, pela Igreja ou pelo mundo. É sempre e somente o Espírito Santo que produz no coração sede por Deus e um anseio para que Seu ser seja manifesto e glorificado.

Onde o filho de Deus realmente vive e anda no Espírito, onde ele não se satisfaz em ser carnal, mas busca ser espiritual, em tudo um instrumento adequado para o divino Espírito revelar a vida de Cristo e o próprio Cristo, aí a incessante vida de intercessão do Filho Bendito só pode revelar-se e repetir-se em nossa experiência. Porque é o Espírito de Cristo que ora em nós, nossa oração tem de ser ouvida; porque somos nós que oramos no Espírito, há necessidade de tempo, paciência e renovação contínua da oração até que todo obstáculo seja removido e a harmonia entre o Espírito de Deus e o nosso seja perfeita.

Mas o que realmente precisamos para esta vida incessante de oração é saber que Jesus nos ensina a orar. Começamos a entender um pouco sobre Seu ensinamento. Não a comunicação de novos pensamentos ou visões, não a descoberta de falha ou erro, não o despertar de desejo e fé, seja qual for a importância de tudo isso, mas a nossa introdução à comunhão de Sua própria vida de oração perante o Pai. Isso é de fato a maneira de Jesus ensinar. Foi a visão de Jesus orando que fez com que os discípulos ansiassem e pedissem que os ensinasse a orar.

É a fé de Jesus sempre a orar, e somente ela é poder para orar, que nos ensina a orar de verdade. Sabemos o motivo. Quem ora é nossa cabeça e nossa vida. Tudo que Ele tem é nosso e nos é dado quando nos damos totalmente a Ele. Pelo Seu sangue Ele nos leva imediatamente à presença de Deus. O santuário interior é nossa casa; habitamos lá. E Aquele que vive tão perto de Deus e sabe que Ele foi colocado perto para abençoar aqueles que estão longe não faz outra coisa senão orar. Cristo nos faz participantes de Seu poder de oração e de Sua vida de oração.

Entendemos, então, que nosso verdadeiro objetivo não deve ser trabalhar muito e ter oração suficiente para manter o trabalho correto, mas orar muito e depois trabalhar o suficiente para que o poder e a bênção obtida achem seu caminho por meio de nós para os homens.

É Cristo que vive sempre a orar, que salva e reina. Ele comunica Sua vida de oração a nós. Ele a mantém em nós se confiamos n'Ele. Ele é a garantia de nossa oração sem cessar. Sim, Cristo nos ensina a orar demonstrando-nos como Ele faz isso, fazendo isso em nós, levando-nos a fazer isso n'Ele e como Ele. Cristo é a vida e a força para uma vida de incessante oração.

É a visão de Cristo, sempre a orar, como nossa vida que nos capacita a orar sem cessar. Porque Seu sacerdócio é o poder de uma vida infinita, a vida de ressurreição que nunca acaba e nunca falha, e porque Sua vida é nossa vida, orar sem cessar pode se tornar para nós nada menos do que a vida de alegria do céu. Por isso o apóstolo diz: "Regozijai-vos sempre. Orai sem cessar. Em tudo, dai graças…". Nascida entre a alegria incessante e o louvor incessante, a oração incessante é a manifestação do poder da vida eterna na qual Jesus sempre ora.

A união entre a videira e o ramo é, na verdade, uma união de oração. A mais alta conformidade a Cristo, a mais bendita participação na glória de Sua vida celestial, é a nossa participação na

Sua obra de intercessão. Ele e nós vivemos sempre a orar. Pela experiência de nossa união com Ele, orar sem cessar se torna uma possibilidade, uma realidade, a mais santa e bendita parte de nossa santa e bendita comunhão com Deus. Temos nossa morada dentro do véu na presença do Pai. O que o Pai diz, nós fazemos; o que o Filho diz, o Pai faz. Orar sem cessar é a manifestação terrena do céu vindo a nós, a antecipação da vida na qual Eles permanecem continuamente ao som de louvor e adoração.

"SENHOR, ensina-nos a orar."

Ó meu Pai, de todo meu coração eu Te louvo por essa maravilhosa vida de oração incessante, comunhão incessante, respostas incessantes e experiência incessante de unidade com Aquele que vive sempre a orar. Ó meu Deus! Mantenha-me sempre, então, habitando e caminhando na presença de Tua glória, que a oração venha a ser uma espontânea expressão de minha vida contigo.

Bendito Salvador! De todo meu coração eu Te louvo por teres vindo do céu para partilhar comigo de minhas necessidades e clamores, para que eu possa partilhar Contigo de Tua oração que sempre prevalece. E Te agradeço por matricular-me na escola de oração, para ensinar-me a bem-aventurança e o poder de uma vida que é toda de oração. E acima de tudo, por Tu me introduzires na comunhão de Tua vida de intercessão, para que através de mim também Tuas bênçãos sejam dispensadas aos que estão ao meu redor.

Espírito Santo! Em profunda reverência, eu Te agradeço por Tua obra em mim. É por meio de Ti que sou levado a partilhar do intercâmbio entre o Filho e o Pai, e assim participar da comunhão de vida e amor da Trindade Santa. Espírito de Deus! Aperfeiçoa Tua obra em mim; leva-me à perfeita união com Cristo, meu intercessor. Que Tua habitação incessante faça de minha vida uma vida de intercessão incessante. E que assim minha vida se torne uma vida que incessantemente glorifica o Pai e abençoa os que estão à minha volta. Amém.

Nota Final

George Müller e o
segredo de seu poder em oração

Quando Deus deseja ensinar mais uma vez à Sua Igreja uma verdade que não está sendo entendida ou praticada, Ele, na maioria das vezes, o faz levantando algum homem para ser em palavra e em verdade uma testemunha viva dessa bem-aventurança. E assim Deus levantou no século dezenove, entre outros, George Müller para ser Sua testemunha de que Ele de fato ouve oração. Não sei de nenhuma outra maneira em que as principais verdades de Deus a respeito de oração podem ser mais efetivamente ilustradas e estabelecidas do que através de um breve resumo de sua vida e do que ele conta sobre suas experiências de oração.

Nasceu na Prússia em 25 de setembro de 1805 e faleceu em 10 de março de 1898. Sua juventude, mesmo depois que entrou na Universidade de Halle como um estudante de teologia, foi perversa ao extremo. Numa noite, levado por um amigo quando tinha apenas vinte anos de idade a uma reunião de oração, ficou profundamente impressionado e logo depois veio a conhecer o Salvador. Não muito depois, começou a ler jornais missionários e com o passar do tempo serviu como voluntário na Sociedade de Londres para Promover o Cristianismo aos Judeus. Foi aceito como aluno, mas logo percebeu que não poderia de forma algum submeter-se às regras da Sociedade, por permitirem muito pouco espaço à liderança do Espírito Santo. O compromisso foi dissolvido em 1830 com consentimento mútuo, e ele tornou-se pastor de uma pequena congregação em Teignmouth. Em 1832 mudou-se para Bristol, e foi como pastor da Capela Bethesda que iniciou o trabalho com orfanato e outras obras relacionadas com o que Deus de forma tão marcante o levou a confiar em Sua palavra e a experimentar como Ele a cumpre.

Alguns trechos sobre sua vida espiritual preparão o caminho para o que nós especialmente desejamos citar de suas experiências de oração.

"Ligado a isso eu mencionaria que o Senhor de forma muito graciosa deu-me, desde o início de minha vida espiritual, uma medida de simplicidade e disposição infantil sobre as coisas espirituais. Mesmo que eu fosse excessivamente ignorante sobre as Escrituras e ainda vez após vez dominado até por pecados exteriores, todavia fui capacitado a levar os mais ínfimos problemas ao Senhor em oração.

"E achei que 'a piedade para tudo é proveitosa, tendo a promessa da vida presente e da que há de vir'. Embora fosse muito fraco e ignorante, eu tinha agora, pela graça de Deus, algum desejo de beneficiar outros, e aquele que tão fielmente servira uma vez a Satanás buscava agora ganhar almas para Cristo."

Foi em Teignmouth que foi levado a conhecer como usar a Palavra de Deus e a confiar no Espírito Santo como o Professor dado por Deus para tornar clara a Palavra. Ele escreve: "Deus então começou a mostrar-me que somente a Palavra de Deus é nosso padrão de julgamento nas coisas espirituais, que ela somente pode ser explicada pelo Espírito Santo, e que em nossos dias, como também no passado, ele é o professor de Seu povo. Antes disso, eu ainda não entendera na prática o papel do Espírito Santo.

"No início, entender este último ponto em especial causou um grande efeito em mim, pois o Senhor me capacitou a submeter isso ao teste da experiência através de colocar de lado comentários e quase qualquer outro livro para simplesmente ler e estudar a Palavra de Deus.

"O resultado disso foi que a primeira noite em que me fechei em meu quarto para dedicar-me à oração e à meditação das Escrituras aprendi mais em poucas horas do que o fizera durante um período de vários meses antes.

"Mas a grande diferença foi que recebi verdadeiro fortalecimento para minha alma ao fazer isso. Eu agora começava a experimentar pelo teste das Escrituras as coisas que aprendera e vira e descobria que somente os princípios que passavam pelo teste eram de real valor."

Sobre a obediência à Palavra de Deus, ele escreve o seguinte, relacionado com seu batismo: "Agradou-Se o Senhor em Sua abundante misericórdia produzir em mim tal estado de mente que desejava cumprir em minha vida tudo que encontrasse nas Escrituras. Eu podia dizer: 'Farei Sua vontade', e foi por isso, eu creio, que percebia qual 'doutrina era d'Ele'. A propósito, gostaria de fazer uma observação aqui, que a passagem a que acabei de me aludir (Jo 7.17) tem sido para mim o mais memorável comentário a respeito de muitas doutrinas e preceitos de nossa fé santíssima.

"Por exemplo, 'não resistais ao perverso; mas, a qualquer que te ferir na face direita, volta-lhe também a outra; e, ao que quer demandar contigo e tirar-te a túnica, deixa-lhe também a capa. Se alguém te obrigar a andar uma milha, vai com ele duas. Dá a quem te pede e não voltes as costas ao que deseja que lhe emprestes. Ouvistes que foi dito: Amarás o teu próximo e odiarás o teu inimigo. Eu, porém, vos digo: amai os vossos inimigos e orai pelos que vos perseguem' (Mt 5.39-44). 'Vendei os vossos bens e dai esmolas' (Lc 12.33). 'A ninguém fiqueis devendo coisa alguma, exceto o amor com que vos ameis uns aos outros' (Rm 13.8).

"Alguém pode dizer: 'Certamente essas passagens não podem ser entendidas literalmente, pois como poderia, então, o povo de Deus ser capaz de viver neste mundo?'. O estado de espírito ordenado em João 7.17 fará tais objeções desaparecerem. Aquele que desejar praticar esses mandamentos do Senhor literalmente será levado, eu creio, a ver comigo que entendê-los literalmente é a vontade de Deus. Aqueles que assim o fizerem, com frequência passarão, sem dúvida, por dificuldades que serão difíceis para a carne suportar, mas elas provavelmente os farão sentir constantemente que são estrangeiros e peregrinos aqui, que este mundo não é seu lar. Isso os fará lançar-se aos pés de Deus, que certamente os ajudará a atravessar qualquer dificuldade que venham a passar por buscarem agir em obediência à Sua Palavra".

A entrega implícita à Palavra de Deus levou-o a determinadas visões e condutas sobre dinheiro que influenciaram poderosamente sua vida futura. Tiveram sua raiz na convicção de que o dinheiro era uma responsabilidade divina, e que todo dinheiro tinha, portanto, de ser recebido e administrado por meio de comunhão direta com o próprio Deus. Isso o levou a adotar as seguintes quatro principais regras:

1. Não receber salário fixo. Por dois motivos: primeiro, porque a aceitação disso estava muitas vezes em desarmonia com a oferta voluntária com que o serviço de Deus deve ser mantido. Segundo, ao receber salário fixo havia o perigo de depender mais da renda dos recursos humanos do que do próprio Deus vivo.

2. Nunca pedir nenhuma ajuda humana. Por maior que seja a necessidade, sempre fazê-la conhecida do Senhor, que prometeu cuidar de Seus servos e ouvir suas orações.

3. Entender o mandamento de Lucas 13.33 literalmente: "Vendei os vossos bens e dai esmolas" e nunca guardar dinheiro, mas gastar tudo que Deus confiasse a ele com os pobres de Deus, na obra de Seu reino.

4. Também entender literalmente Romanos 13.8: "A ninguém fiqueis devendo coisa alguma" e nunca comprar a crédito ou ficar devendo nada, mas confiar em Deus para sua provisão.

Em princípio esse modo de vida não foi fácil. Mas Müller testifica que foi o mais abençoado para levar sua alma a descansar em Deus e atraí-la para uma comunhão mais íntima com Ele quando inclinado a desviar. "Porque não é possível viver em pecado e ao mesmo tempo, em comunhão com Deus, trazer dos céus tudo que for necessário para a vida presente."

Não muito depois de estabelecer-se em Bristol, o *Scriptural Knowledge Institution For Home And Abroad* (Instituto do Conhecimento Bíblico para a Pátria e o Estrangeiro) foi fundado para auxiliar os externatos, as Escolas Dominicais, as missões e na distribuição de Bíblias. A obra de orfanato, pela qual Müller veio a tornar-se famoso, surgiu como parte e extensão dessa instituição. Foi em 1834 que seu coração foi tocado pelo caso de um órfão convertido a Cristo em uma das escolas, mas que tinha de retornar para um lar pobre onde suas necessidades espirituais não podiam ser supridas.

Logo após conhecer a biografia de Franke, ele escreveu em 20 de novembro de 1835: "Hoje decidi em meu coração não mais simplesmente pensar sobre a fundação de um orfanato, mas de na verdade fazer algo sobre isso, e estive em oração a esse respeito durante longo tempo a fim de me sintonizar com a mente do Senhor. Que Ele possa esclarecer isso". E em 25 de novembro: "Novamente, passei longo tempo ontem e hoje em oração sobre o orfanato e estou cada vez mais convencido de que isso é de Deus. Que Ele seja misericordioso em me guiar.

"Os três principais motivos são: 1. Para que Deus seja glorificado, que Ele se agrade em me enviar os recursos, para que vejam que não é vão confiar n'Ele, e que assim a fé de Seus filhos seja fortalecida. 2. Para o bem-estar dos órfãos de pai e mãe. 3. Para seu bem-estar material".

Após alguns meses orando e esperando em Deus, uma casa foi alugada com espaço para trinta crianças e, com o tempo, três mais, com capacidade para 120 crianças. A obra foi conduzida dessa forma por dez anos, os recursos para as necessidades dos órfãos sendo pedidos e recebidos somente de Deus. Foi muitas vezes um tempo de necessidade extrema e muita oração, mas foi uma prova de fé mais preciosa do que o ouro, transformado em louvor, honra e glória de Deus. O Senhor estava preparando Seu servo para coisas maiores ainda.

Por Sua providência e por Seu Espírito Santo, Müller foi dirigido a desejar e a esperar em Deus até que recebesse d'Ele a garantia da promessa de 15 mil libras para um orfanato com capacidade para 300 crianças. O primeiro foi aberto em 1849. Em 1858 um segundo e um terceiro foram abertos com capacidade para mais 950 órfãos, no valor de 35 mil libras. E em 1869 e 1870 um quarto e quinto foram fundados com capacidade para mais 860, no valor de 50 mil libras, totalizando um número de 2.100 órfãos.

Além dessa obra, Deus dera a ele quase que o mesmo tanto para sustentar as escolas, as missões e a circulação de Bíblias e panfletos. Ao todo, ele recebeu de Deus mais do que um milhão de libras esterlinas para ser gasto em Seu trabalho durante aqueles cinquenta anos.

Ele nem podia imaginar, notemos cuidadosamente, ao abrir mão de seu pequeno salário de trinta libras por ano em obediência à direção da palavra de Deus e do Espírito Santo, o que Deus estava preparando para lhe dar como recompensa de obediência e fé. E de que forma maravilhosa a palavra seria cumprida para ele. "Foste fiel no pouco, sobre o muito te colocarei."

E essas coisas aconteceram como exemplo para nós. Deus nos chama para sermos seguidores de George Müller, assim como ele foi de Cristo. Seu Deus é o nosso Deus; as mesmas promessas são para nós. O mesmo serviço de amor e fé em que ele trabalhou chama por nós por todo lado. Que estudemos, estabelecendo uma relação com nossas lições na escola de oração, o caminho pelo qual Deus deu a George Müller esse poder como homem de oração. Descobriremos assim as mais impressionantes ilustrações de algumas das lições que estivemos estudando com o bendito Mestre na Palavra.

Ficaremos especialmente impressionados com Sua primeira grande lição, que se formos a Ele da maneira que nos mostrou, com petições definidas reveladas a nós pelo Espírito por meio da Palavra, estando elas de acordo com a vontade de Deus, podemos com muita confiança crer que tudo que pedirmos nos será feito.

ORAÇÃO E A PALAVRA DE DEUS

Temos mais de uma vez visto isto: para que Deus ouça nossa voz temos de ouvir a Sua (veja as Lições 22 e 23). Não é suficiente apenas que tenhamos uma promessa especial para reivindicar quando fizermos um pedido especial, mas toda nossa vida deve estar sob o domínio da Palavra. A Palavra deve permanecer em nós. O testemunho de George Müller nesse ponto é bem instrutivo. Ele nos conta como a descoberta do verdadeiro lugar da Palavra de Deus juntamente com o ensinamento do Espírito Santo foi o início de uma nova época em sua vida espiritual. Sobre isso ele escreveu:

"A esse tempo a forma bíblica de argumentação teria sido: o próprio Deus Se dignou a tornar-Se um autor, e eu sou ignorante a respeito desse livro precioso que Seu Santo Espírito fez com que fosse escrito usando Seus servos como instrumentos, e ele contém o que eu preciso saber e o conhecimento que me levará à verdadeira felicidade. Portanto, eu tenho de ler esse precioso livro, vez após vez, com muita sinceridade, devoção e muita meditação; e nessa prática devo continuar todos os dias de minha vida.

"Pois estava ciente de que embora lesse um pouco dele, eu quase nada sabia sobre ele. Mas em vez de agir assim, e ser levado da minha ignorância da Palavra de Deus a estudá-lo mais, minha dificuldade em entendê-lo e o pouco contentamento que tinha nele fez-me negligenciar sua leitura (pois muita leitura com devoção da Palavra dá-nos não simplesmente mais conhecimento, mas aumenta o prazer que temos ao lê-la).

"Assim como muitos crentes, eu praticamente preferi, durante os primeiros quatro anos de minha vida espiritual, as obras de homens não inspirados em detrimento dos oráculos do Deus vivo. O resultado foi que eu permaneci um bebê tanto no conhecimento como na graça. Digo em conhecimento porque todo conhecimento verdadeiro tem de ser produzido pelo Espírito a partir da Palavra. E porque eu negligenciei a Ppalavra, fiquei por quase quatro anos tão ignorante que eu mal sabia mesmo os pontos fundamentais de nossa santa fé. E essa falta de conhecimento de forma muito triste me impediu de caminhar firmemente nos caminhos de Deus.

"Foi quando o Senhor Se agradou, em agosto de 1829, a levar-me de fato para as Escrituras que minha vida e conduta tornaram-se muito diferentes. E mesmo que desde então eu tenha muitas vezes me desviado daquilo que poderia e deveria ser, ainda assim, pela graça de Deus, fui capaz de viver muito mais perto d'Ele do que antes.

"Se qualquer cristão que ler isso e que praticamente prefere outros livros às Santas Escrituras, e tem mais prazer nos escritos de homens do que na Palavra de Deus, que ele possa ser alertado por meio de meu prejuízo. Considerarei esse livro de grande utilidade, se assim for do agrado de Deus, se for usado como instrumento para levar alguns de Seu povo a não mais negligenciar as Sagradas Escrituras, mas dar a elas a preferência que os cristãos têm dado aos escritos dos homens.

"Uma última observação: gostaria de acrescentar que se o leitor entende muito pouco da Palavra de Deus, ele deve lê-la muito, pois o Espírito explica a Palavra por meio da Palavra. E se ele tem pouco prazer na leitura da Palavra, isso é motivo suficiente por que tem de lê-la muito mais, pois a leitura frequente das Escrituras nos faz deleitar nelas, de modo que quanto mais as lemos, mais desejamos fazê-lo.

"Acima de tudo, ele deve buscar ter firmado em sua mente que somente Deus, por Seu Espírito, pode ensiná-lo, e, portanto, como Deus será indagado sobre bênçãos, convém buscar a bênção de Deus antes e também durante a leitura.

"Ele deve ter, além do mais, estabelecido em sua mente que embora o Espírito Santo seja o melhor e mais capacitado Professor, ainda assim esse Professor nem sempre ensina imediatamente quando desejamos, e, portanto, talvez tenhamos de pedir muitas vezes pela explicação de certas passagens. Mas, no final, Ele certamente nos ensinará, se de fato estivermos buscando por luz com reverência, paciência, e tendo em vista a glória de Deus". (Os trechos foram extraídos de uma obra de quatro volumes, *The Lord´s Dealings with George Müller* [*O procedimento de Deus com George Müller*], J. Nisbet & Co., Londres.)

Encontramos nos diários de George Müller frequentes menções de que ele passava duas ou três horas em oração sobre a Palavra para alimentar sua vida espiritual. Como resultado disso, quando tinha necessidade de fortalecimento e encorajamento em oração, as promessas individuais não eram para ele uma porção de argumentos tirados de um livro para serem usados contra Deus, mas palavras vivas as quais ouvira a voz viva de Deus falar a ele e que podia agora apresentar diante do Pai em fé viva.

ORAÇÃO E A VONTADE DE DEUS

Uma das grandes dificuldades para os novos crentes é saber como podem descobrir se o que desejam está de acordo com a vontade de Deus. Considero isso uma das mais preciosas lições que Deus quer nos ensinar por meio da experiência de George Müller: que Ele está disposto a revelar as coisas que Sua Palavra não diz claramente, que elas são Sua vontade para nós e podemos pedir por elas. O ensinamento do Espírito Santo, nem fora ou contra a Palavra, mas como algo sobre e superior a ela, além dela, sem a qual não podemos ver a vontade de Deus, é a herança de todo cristão.

É somente pela *Palavra e somente por ela* que o Espírito ensina, aplicando os princípios ou promessas gerais à nossa necessidade específica. É o *Espírito e somente Ele* que pode realmente fazer da Palavra luz para o nosso caminho, seja o caminho da obrigação em nosso andar diário ou o caminho da fé ao nos aproximarmos de Deus. Que experimentemos a simplicidade infantil e a docilidade com que a vontade de Deus foi tão segura e claramente revelada ao Seu servo.

Em maio de 1850 George Müller escreveu a respeito da construção do primeiro orfanato, logo após sua inauguração, sobre a certeza que ele tinha de que isso era a vontade de Deus, sobre as grandes dificuldades ocorridas e como parecia improvável que seriam removidas. "Mas enquanto as perspectivas diante de mim teriam sido esmagadoras se eu as tivesse olhado com olhos naturais, nunca me foi permitido, nem por uma vez, questionar como tudo terminaria. Pois desde o começo estava certo de que era a vontade de Deus que encarasse a tarefa de construir para Ele este enorme orfanato, e também desde o início estava tão certo de que toda a obra seria concluída que era como se o prédio já estivesse cheio de crianças e funcionando."

A forma como descobria o que era a vontade de Deus aparece com especial clareza no seu relato da construção do segundo orfanato, e peço ao leitor que estude com cuidado a lição transmitida pela narrativa.

"5 de dezembro de 1850. Sob tais circunstâncias, apenas posso orar para que o Senhor, em sua terna misericórdia, não permita que Satanás ganhe vantagem sobre mim. Pela graça de Deus meu coração diz: Senhor, se eu puder ter certeza de que é Tua vontade que eu prossiga nesse negócio, eu o faria com muito ânimo. Por outro lado, se eu puder ter certeza de que são pensamentos vãos, tolos e arrogantes, que eles não procedem de Ti, eu pela Tua graça os odiaria e completamente os rejeitaria.

"Minha esperança está em Deus. Ele me ajudará e me ensinará. Julgando, porém, a partir de como Ele trabalhou comigo anteriormente, não me seria estranho nem surpreendente se Ele me pedisse para proceder mais ousadamente ainda nesse caminho.

"Os pensamentos sobre a ampliação do orfanato não foram resultados, porém, de abundante entrada de dinheiro recentemente, pois no fim tive de esperar durante sete semanas diante de Deus enquanto pouco, muito pouco, recurso, comparativamente falando, entrou; por exemplo, cerca de quatro vezes o mesmo tanto que estava entrando estava saindo. Se o Senhor anteriormente não me tivesse enviado grandes somas, teríamos realmente motivos para grande aflição.

"Senhor! Como pode Teu servo saber Tua vontade nesse assunto? Por favor, agrada-Te em ensiná-lo!

"11 de dezembro. Durante os últimos seis dias, desde o relato acima, estive, dia após dia, esperando no Senhor sobre esse assunto. Em geral, tem estado quase que todo o dia em meu coração. Quando acordo à noite, não sai de meus pensamentos. Porém, tudo isso sem o mínimo de ansiedade. Estou perfeitamente calmo e tranquilo a respeito disso. Minha alma teria prazer em prosseguir nesse serviço se eu pudesse estar certo de que o Senhor gostaria que o fizesse. Pois assim, apesar das inúmeras dificuldades, tudo estaria bem, e Seu nome seria engrandecido.

"Por outro lado, se tivesse certeza de que o Senhor estaria satisfeito com minha atual esfera de trabalho e que não deveria orar sobre a ampliação da obra, por Sua graça, eu poderia, sem esforço e com alegria, renunciar a isso. Pois Ele fez com que meu coração desejasse somente agradá-lO no que diz respeito a esse assunto. De qualquer forma, até agora não falei sobre isso nem mesmo para minha amada esposa, aquela que tem partilhado de minhas alegrias, tristezas e labores por mais de vinte anos, nem é provável que o faça por algum tempo ainda. Pois eu prefiro calmamente esperar no Senhor, sem falar sobre esse assunto, a fim de que assim eu não venha, por Sua graça, a ser influenciado por fatores externos. O sentimento que carrego em minha oração sobre esse assunto é que o Senhor me impeça de errar e que Ele me ensine a fazer Sua vontade.

"26 de dezembro. Quinze dias se passaram desde que escrevi o parágrafo anterior. Todo dia desde então comecei a orar sobre isso, e com considerável medida de sinceridade, com a ajuda de Deus. Não tem havido praticamente uma hora durante esses dias em que esse assunto não esteja em minha mente de alguma forma, mas tudo sem nem mesmo uma pequena sombra de ansiedade. Não converso com ninguém sobre isso. Até agora nem mesmo com minha querida esposa. Ainda evito isso e trato disso somente com Deus, a fim de que nenhuma influência externa e nenhum excitamento externo venham me impedir de obter uma revelação límpida de Sua vontade. Tenho a mais plena e tranquila certeza de que Ele me revelará claramente Sua vontade.

"Essa noite tive novamente uma sessão solene e especial de oração para buscar o conhecimento da vontade de Deus. Mas enquanto permanecia rogando e suplicando ao Senhor que Ele não me deixasse ser iludido nesse negócio, devo dizer que eu praticamente não tenho a mínima sombra de dúvida em minha mente de que isso acontecerá, mesmo que tenha de prosseguir nesse assunto. Pois isso, de qualquer forma, é um dos passos mais importantes que já tomei, e penso que tenho de lidar com esse assunto com muita cautela, devoção e ponderação. Poderia esperar anos pela graça de Deus, fosse isso Sua vontade, antes de tomar o mais simples passo em direção a isso ou mesmo antes de falar com alguém sobre isso.

"Por outro lado, estaria disposto a começar a trabalhar amanhã se o Senhor pedisse isso de mim. Esta tranquilidade de mente, esta ausência de minha própria vontade no assunto, este único desejo de somente agradar meu Pai Celeste nisso e de somente buscar Sua honra e não a minha, este estado de mente, eu digo, é a mais plena garantia para mim de que meu coração não está dominado por excitamento da carne, e que, se com a ajuda de Deus assim eu prosseguir, eu conhecerei a vontade de Deus de forma plena e perfeita. Mas, enquanto escrevo isso, só posso acrescentar também que de fato anelo pela honra e glorioso privilégio de ser mais e mais usado pelo Senhor.

"Meu desejo é ter a permissão de Deus para prover, regularmente, a instrução nas Escrituras para mil órfãos em vez de fazê-lo para trezentos. Meu desejo é que seja ainda mais abundantemente manifesto que Deus ainda ouve e responde oração e que Ele é o Deus vivo agora, como sempre foi e sempre será, quando Ele simplesmente Se dignará, em resposta à oração, a providenciar uma casa com capacidade para setecentos órfãos e recursos para sustentá-los.

"Essa última consideração é a mais importante em minha mente. A honra do Senhor é para mim o ponto principal em todo esse negócio, e tanto é verdade que, se Ele for mais glorificado com o não prosseguimento disso, eu estaria por Sua graça perfeitamente contente em abrir mão de todos os pensamentos sobre um novo orfanato. Certamente, em tal estado de espírito, produzido pelo Espírito Santo, Tu, ó meu Pai Celeste, não permitirá que Teu filho seja enganado nem ainda iludido. Com a ajuda de Deus, prosseguirei, a cada dia mais e mais, a esperar n'Ele em oração sobre isso até que Ele me leve a agir.

"2 de janeiro de 1851. Faz uma semana que escrevi o parágrafo anterior. Durante essa semana fui ajudado a cada dia, e mais de uma vez por dia, a buscar a direção do Senhor sobre outro orfanato. O sentimento de minha oração ainda tem sido de que Ele, em Sua grande misericórdia, não me deixará errar. Durante a última semana o livro de Provérbios fez parte de minha leitura das Escrituras, e meu coração foi renovado a respeito desse assunto com as seguintes passagens: 'Confia no Senhor de todo o teu coração e não te estribes no teu próprio entendimento. Reconhece-o em todos os teus caminhos, e ele endireitará as tuas veredas' (Pv 3.5-6). Pela graça de Deus eu realmente reconheço o Senhor em todos os meus caminhos e nessa questão em particular; tenho, portanto, a reconfortante certeza de que Ele dirigirá meus passos sobre esta parte da obra como também se me ocuparei disso ou não.

"E mais: 'A integridade dos retos os guia' (Pv 11.3). Pela graça de Deus estou íntegro nesse negócio. Meu propósito sincero é dar glória a Deus. Portanto, eu espero ser guiado corretamente. E mais: 'Confia ao Senhor as tuas obras, e os teus desígnios serão estabelecidos' (Pv 16.3). E realmente entrego minhas obras ao Senhor, portanto espero que meus pensamentos sejam estabelecidos. Meu coração mais e mais goza de uma certeza calma, tranquila e segura de que o Senhor Se dignará a usar-me ainda mais na obra do orfanato. Eis aqui, Senhor, Teu servo."

Quando mais tarde ele decidiu construir mais dois prédios, número quatro e número cinco, ele escreveu assim:

"Doze dias se passaram desde que escrevi o último parágrafo. Tenho sido, dia após dia, capacitado para esperar no Senhor a respeito da ampliação da obra do orfanato, e também durante todo esse período tenho estado em perfeita paz, o que é fruto de buscar nisso somente a honra do Senhor e o benefício natural e espiritual de meus companheiros e semelhantes. Sem esforço, eu poderia, por Sua graça, não pensar mais sobre esse assunto se somente tivesse certeza de que é a vontade de Deus que eu assim o faça; e, por outro lado, eu de imediato dispor-me-ia a agir, se assim Ele desejasse.

"Ainda carrego esse assunto totalmente comigo. Embora agora complete cerca de sete semanas desde que, dia após dia, minha mente passou a se ocupar disso e desde que comecei a orar diariamente a esse respeito, mesmo assim ninguém ainda tomou conhecimento dele. Nem ao menos o mencionei para minha querida esposa para que, ao esperar calmamente no Senhor, eu não venha a ser influenciado por algo dito por alguém a respeito desse assunto. Essa noite foi especialmente reservada para oração, para rogar ao Senhor, uma vez mais, que não me deixe ser enganado nessa questão e muito menos ser iludido pelo diabo. Também procurei deixar que todos os argumentos contra e em prol da construção do orfanato não ocupassem minha mente. E agora, para mais clareza e certeza, passo a relacioná-los...

"Depois de passar meses considerando o assunto, tendo-o analisado sob todos os ângulos, e sendo finalmente dirigido, depois de muita oração, a optar pela ampliação, minha mente está em paz. O filho que buscou, vez após vez, seu Pai Celestial para que não o deixasse ser enganado, nem cometer nenhum erro, está perfeitamente em paz sobre essa decisão e assim tem a certeza de que foi uma decisão dirigida pelo Espírito Santo depois de muita oração durante semanas e meses.

"Ele, portanto, dispõe-se a prosseguir, crendo que certamente não será confundido, pois confia em Deus. Muitas e grandes podem ser suas dificuldades, milhares e dez milhares de orações terão de subir aos céus antes que a resposta plena possa ser obtida. Muito exercício de fé e paciência talvez seja exigido, mas no fim novamente se verá que o servo que n'Ele confia não é confundido".

ORAÇÃO E A GLÓRIA DE DEUS

Procuramos, mais de uma vez, reforçar a verdade de que mesmo que geralmente gostemos de explicar que nossas orações não são ouvidas porque o que pedimos não está de acordo com a vontade de Deus, as Escrituras, porém, nos alertam para descobrir o motivo em nós mesmos, por não estarmos com a motivação correta ou por não pedirmos com o espírito certo. O pedido pode estar em perfeita concordância com Sua vontade, mas a maneira de pedir ou o espírito do suplicante pode não estar; por isso não somos ouvidos. Como a principal raiz de todo pecado é o eu e o egoísmo, então, mesmo nos desejos mais espirituais, não há nada que seja tão eficaz para impedir a resposta de Deus como o fato de orarmos para nosso próprio prazer ou glória. A oração que tem poder e prevalece deve pedir para a glória de Deus, e o cristão somente pode fazer isso se estiver vivendo para a glória de Deus.

Em George Müller temos um dos mais marcantes exemplos que registram o Espírito Santo de Deus conduzindo um homem que deliberada e sistematicamente iniciou-se no caminho da oração para fazer da glória de Deus seu primeiro e único objetivo. Que ponderemos bem sobre o que ele diz e aprendamos a lição que Deus quer nos ensinar por meio dele.

"Constantemente foram-me apresentados casos que provaram que uma das principais coisas que os filhos de Deus precisavam em nossos dias era ter sua fé fortalecida.

"Eu anseio, portanto, ter algo para mostrar a meus irmãos como prova visível de que nosso Deus e Pai é, e sempre tem sido, o mesmo Deus fiel, pois deseja como nunca *provar* Ele mesmo ser o *Deus vivo* hoje, assim como era antigamente, para todos os que colocam sua confiança n'Ele.

"Meu espírito anela por ser um instrumento para fortalecer a fé dos cristãos, dando-lhes não somente exemplos da Palavra de Deus de Sua disposição e capacidade para ajudar todos os que esperam n'Ele, mas para mostrar-lhes provas de que Ele é o mesmo hoje. Eu sei que a Palavra de Deus é suficiente, e foi pela graça suficiente para mim, mas ainda assim considero que devo estender uma mão amiga a meus irmãos.

"Portanto, julgo-me na obrigação de ser o servo da Igreja de Cristo no ponto específico em que obtive misericórdia, a saber, de ser capaz de encontrar Deus na Sua Palavra e confiar nela. O primeiro objetivo da obra foi, e ainda é, que Deus possa ser engrandecido pelo fato de que os órfãos sob meu cuidado estão supridos de tudo que precisam pela oração e fé sem ficar pedindo a ninguém; e dessa forma seja manifesto que Deus *ainda é fiel e ainda ouve oração.*

"Ultimamente tenho orado muito sobre o orfanato e frequentemente examinado meu coração, para que se de alguma forma houver em mim algum desejo de estabelecer isso com o motivo de gratificação própria, que eu discirna isso. Pois por desejar somente a glória de Deus, eu ficaria contente de ser instruído por meio de meu irmão se o negócio não for do Seu agrado.

"Quando comecei o orfanato, em 1835, meu propósito principal era glorificar a Deus por meio de demonstrar na prática o que pode ser feito simplesmente por meio de oração e fé, para que desta forma a Igreja em geral fosse beneficiada e o mundo desatento fosse despertado para ver a realidade das coisas de Deus, demonstrando-lhes por meio dessa obra que Deus ainda está vivo como há 4.000 mil anos. Ele é o Deus vivo. Esse meu objetivo tem sido honrado de forma abundante. Multidões de pecadores se converteram, multidões de filhos de Deus em todas as partes do mundo foram beneficiadas com esse trabalho, assim como eu previra.

"Mas quanto mais crescimento o trabalho tem alcançado, maior tem sido a bênção, concedida justamente da forma em que procurei por bênção. Pois a atenção de centenas de milhares foi voltada à obra, e dezenas de milhares viram isso. Tudo isso me faz desejar mais e mais trabalhar desta forma, a fim de produzir ainda maior glória ao nome do Senhor. Que Ele possa ser contemplado, engrandecido, admirado e digno de confiança em todo o tempo é meu propósito com essa obra, e mais especialmente nesta ampliação proposta por mim. Que possa ser visto o quanto um pobre homem pode realizar por meio da oração simplesmente confiando em Deus, e que assim outros filhos de Deus sejam dirigidos a realizar a obra de Deus na dependência d'Ele. Que os filhos de Deus possam ser levados a confiar mais e mais n'Ele em suas posições e circunstâncias individuais. Portanto, sou dirigido a realizar mais essa ampliação."

ORAÇÃO E CONFIANÇA EM DEUS

Há outros pontos na narrativa de Müller que gostaria de compartilhar, mas apenas mais um é suficiente. É a lição da firme e irresoluta confiança na promessa de Deus como o segredo da oração perseverante. Se uma vez que temos, em submissão ao ensinamento do Espírito na Palavra, tomado posse da promessa de Deus e crido que o Pai nos ouviu, não devemos nos permitir ser abalados em nossa fé por causa de qualquer atraso ou circunstâncias desfavoráveis.

"A resposta plena às minhas orações diárias estava longe de ser cumprida, contudo havia abundante encorajamento da parte do Senhor para continuar em oração. Mas suponha-se, até, que tivesse entrado muito menos do que fora recebido; mesmo assim, depois de ter chegado à conclusão com base nas Escrituras por meio de muita oração e autoexame, tenho de prosseguir sem vacilar no exercício da fé e paciência a respeito desse objetivo. Assim, todos os filhos de Deus, uma vez satisfeitos porque tudo que trazem diante de Deus em oração está de acordo com Sua vontade, devem continuar orando com fé, expectativa e perseverança até que consigam a bênção.

"Sendo assim, eu mesmo agora estou esperando em Deus por certas bênçãos pelas quais diariamente O busco há dez anos e seis meses sem falhar um só dia. A resposta completa ainda não me foi dada sobre a conversão de alguns indivíduos, embora durante esse tempo tenha recebido milhares e milhares de respostas de oração. Também tenho orado intermitentemente pela conversão de outros indivíduos por cerca de dez anos, outros por seis ou sete anos, e outros por três ou dois anos, e a resposta ainda não chegou a respeito dessas pessoas. Enquanto isso, milhares e milhares de minhas orações foram respondidas, e também foram convertidas muitas almas pelas quais eu estive orando.

"Enfatizo isso especialmente para o benefício daqueles que

venham a supor que basta pedir a Deus e imediatamente receber a resposta, ou que podem orar sobre algo e ter certeza de que a resposta virá. Pode-se somente esperar o recebimento de respostas de orações que estiverem de acordo com a mente de Deus, e depois disso paciência e fé devem ser exercidas por muitos anos, assim como tenho feito nos assuntos referidos por mim acima. Mesmo assim, diariamente permaneço orando e esperando pela resposta e estou tão certo de que ela virá que muitas vezes agradeci a Deus, pois tenho certeza de que me concederá isso, embora durante dezenove anos tenha exercitado fé e paciência. Sejam encorajados, queridos irmãos, a com renovada sinceridade entregar-se à oração, já que estão certos de que pedem coisas que são para a glória de Deus.

"Mas a coisa mais marcante é que seis libras e alguns centavos vindos da Escócia supriram-me, tanto quanto posso saber agora, com todo o recurso necessário para acomodar e patrocinar os novos orfanatos. Por seis anos e oito meses estive, dia após dia, e em geral várias vezes por dia, pedindo ao Senhor para que me desse os recursos necessários para a ampliação dessa obra do orfanato. Segundo cálculos feitos na primavera de 1861, aparentemente havia uma necessidade de cerca de 50 mil libras, mas um pouco mais tarde soubemos que era de cerca de 60 mil libras.

"Toda essa quantia, nesse momento, já foi recebida. Eu louvo e engrandeço o Senhor por colocar a ampliação dessa obra em meu coração, por me dar coragem e fé para isso e, acima de tudo, por sustentar minha fé dia após dia sem vacilar. Quando a última parte do dinheiro foi recebida, eu não estava mais ciente a respeito do total do que na época em que não recebera nenhum centavo dessa enorme quantia de dinheiro.

"No começo, depois de ter sondado Sua mente, esperando

em Deus com muita paciência e buscando-O de todo coração, fiquei tão certo de que Ele realizaria aquilo que era como se as duas casas, com suas centenas de órfãos ocupando-as, já estivessem diante de mim. Fiz alguns comentários aqui, em benefício dos crentes jovens na fé, sobre esse assunto:

"1. *Tenha calma ao dar novos passos* na obra do Senhor, nos seus negócios ou na sua família. Pondere bem sobre tudo à luz das Santas Escrituras e no temor de Deus.

"2. A fim de sondar a mente de Deus, *busque não possuir nenhuma vontade própria* a respeito de qualquer passo que se propõe a dar, para que possa honestamente dizer que você está desejoso de fazer a vontade de Deus, se Ele tão somente Se agradar em instruí-lo.

"3. Quando descobrir qual é a vontade de Deus, *busque por Sua ajuda* e busque-a com sinceridade, com perseverança, com paciência, com fé, com esperança, e você certamente irá, a Seu modo e a Seu tempo, obter isso.

"Supor que temos apenas dificuldades financeiras seria um engano; centenas de outras necessidades e dificuldades irão ocorrer. É muito raro que se passe um dia sem algum tipo de dificuldade ou necessidade, mas geralmente há muitas dificuldades e muitas necessidades para serem enfrentadas e vencidas em um mesmo dia. Todas elas são resolvidas pela oração e pela fé, e até agora nunca fomos confundidos. A oração da fé, paciente e perseverante, oferecida a Deus em nome do Senhor Jesus, traz sempre, cedo ou tarde, a bênção. Eu não me desespero, pela graça de Deus, para obter qualquer bênção, desde que esteja plenamente convencido de que é de fato para o bem e para a glória de Deus."